आज़ादी की कुंजी

KEY TO FREEDOM

शुभ्रो कांति सरकार

Copyright © Shubhro Kanti Sarkar
All Rights Reserved.

यह किताब, मैं मेरे बड़े भाई स्वर्गीय सौरीश सरकार को समर्पित करता हूँ।

क्रम-सूची

अस्वीकरण

इस पुस्तक की सामग्री विशुद्ध रूप से सूचनात्मक, शैक्षिक प्रकृति की है। इस पुस्तक में दिए गए कुछ विचार लेखक के है, वह किसी भी समुदाय, धर्म, संगठन, व्यक्ति विशेष से संबंधित नहीं है। कृपया सामग्री में दी गई सलाह का उपयोग स्वास्थ्य (मानसिक या शारीरिक) के मामले में केवल एक उपयुक्त प्रमाणित पेशेवर चिकित्सक और आर्थिक मामलो में वित्तीय सलाहकार/योजनाकार के परामर्श लेकर एवं खुद के विचार से करे। कृपया पुस्तक में दी गई सलाह का उपयोग पूरी तरह से पाठक अपने खुद के विवेक से करे। लेखक या प्रकाशक, इस पुस्तक की सामग्री के उपयोग से होने वाले किसी भी तरह के नुकसान, क्षति, या कानूनी मुद्दों के लिए जिम्मेदार नहीं है। प्रकाशक और लेखक इस पुस्तक की सामग्री का उपयोग करने से प्राप्त होने वाले किसी भी परिणाम के बारे में कोई गारंटी या अन्य वादा नहीं करते हैं। इस पुस्तक में लेखक द्वारा कुछ उदहारण का प्रयोग किया गया है, जो की काल्पनिक है।

पावती (स्वीकृति)

मैं प्रभु का धन्यवाद करना चाहूंगा। जिन्होंने मुझे इतनी शक्ति प्रदान की, जिससे मैं यह किताब लिख पाया। मेरे जीवन में आए अब तक, सभी शिक्षकगणों का धन्यवाद करना चाहता हूँ, जिन्होंने मेरा मार्गदर्शन किया और सही रास्ता दिखाया। उनका मैं सदा आभारी रहूंगा।

मैं आपने माता-पिता का भी बहुत शुक्रगुजार हूँ, क्योंकि उनकी मदद से ही मैंने अपने जीवन में इतने सारे अनुभव हासिल किए। जिन्हे सफलतापूर्वक इस किताब को लिखने में उपयोग कर पाया। मैं अपने प्यारे दोस्तों का भी शुक्रिया अदा करना चाहता हूँ। जिन्होंने हमेशा मेरी मदद की है। मेरी जीवनसंगिनी को धन्यवाद देना चाहूंगा जो इस किताब को लिखने के दौरान मेरा मनोबल बढ़ाती रही।

अंत में, मैं नोशन प्रेस प्रकाशन का धन्यवाद कहना चाहूंगा। जिन्होंने ऐसा मंच प्रदान किया ताकि हमारे जैसे लेखक अपने विचारों को व्यक्त कर लोगों तक पहुंचा सके।

प्रस्तावना

मेरा जन्म राँची शहर (जो उस वक़्त बिहार राज्य का हिस्सा था, अब झारखण्ड राज्य की राजधानी है।) एक बंगाली, मध्यम वर्ग परिवार में हुआ। हम दो भाई थे और मैं अपने परिवार में छोटा हूँ। हमारा झारखण्ड राज्य बड़ा ही खूबसूरत है। हमारा राँची शहर तो पहाड़ो, झरनो और नदियों से घिरा हुआ है। यहाँ का वातावरण, मौसम इतना सुन्दर रहता है, की आपको भ्रमण पर जाने के लिए प्रेरित करता है, शायद इसीलिए मुझे बचपन से ही घूमने-फिरने का बेहद शौक रहा है।

मेरे पिता कोल इंडिया में कार्यरत थे। व्यस्त दिनचर्या और काम के दबाओ के कारण, वो हमे बचपन में बहुत काम जगहों पर ही घूमने ले जा सके। समज लीजिये इसी वजह से घूमने-फिरने का जो कीड़ा था, वो कॉलेज के दिनों तक आते-आते सर चढ़ कर बोलने लगा। मैंने अपनी पूरी पढ़ाई राँची में रहकर ही की है।

'मोटरसाइकिल्स', मुझे किशोरावस्था के वक़्त से ही बहुत लुभाते थे। मेरे स्कूल में बच्चे सातवीं, आठवीं कक्षा से ही चुपके-चुपके मोटरसाइकिल से स्कूल आते थे। वह लोग मुझे अपनी बाइक छूने नहीं देते, की कही मैं उनकी बाइक पर खरोच ना लगा दू या गिरा ना दू। पता नहीं क्यों, लेकिन जो चीज़ आपको नहीं मिलती उसे आप उतना ही ज्यादा प्यार करने लगते है।उनका तेजी से स्कूल के पास से मोटरसाइकिल पर गुज़ारना, जसे हम 'फ्लाईबाई' भी कहते है। पेंट की चमक, पेट्रोल की गंध, मोटरसाइकिल की आवाज़ इसी तरह से मोटरसाइकिल का जूनून सवार हो गया।

घूमने का शौक और मोटरसाइकिल चलने की ललक, एक समय के बाद दोनों एक साथ मिल गए। फिर क्या था 2014 से मैंने कई सारी, हज़ारो किलोमीटर लम्बी यात्राएं, अपनी मोटरसाइकिल पर की, जिसमे भूटान, नेपाल भी शामिल है। धीरे-धीरे मुझे 'यूट्यूब' के बारे में पता चला। लोग इस तरह की यात्राओं के वीडियोस 'यूट्यूब' पर साझा कर रहे है। दुनिया भर के लोगो को अपनी कहानी दिखा रहे है। मैंने

भी अपनी यात्राओं को *रिकॉर्ड* करने के लिए *कैमरा* लिया। उसे चलना सीखा। वीडियोस को रोचक रूप में दिखने के लिए '*वीडियोएडिटिंग*' सीखा।

इन सब चीज़ो के दौरान ढेर सरे नए-नए लोग मिले। ऐसे दोस्त बने जिनसे मिलके लगा, की मेरे ही परिवार के सदस्य है और मैं उनके। स्कूल, कॉलेज में भी ऐसे दोस्त नहीं बने। जो आपसे ईर्ष्या ना करते हो बल्कि आपको सफल देखना चाहते हो। उनकी कहानियाँ सुना, उनके अनुभवों से सीखा और ना जाने कितने नए अनुभव मिले।

आप सोच रहे होंगे कि यह सब के लिए पैसे कहां से मिले? मुझे ऐसा लगता है कि अगर आप किसी काम को करने की ठान लो तो उसके लिए रास्ता निकल ही जाता है। बस जरूरत होती है, आपकी 'इच्छा शक्ति' की जो हम इस किताब में आने वाले अध्याय में देखेंगे।

अब तक पढ़कर आपको लग रहा होगा कि मेरी 'लाइफ' कॉफी 'कूल' रही लेकिन ऐसा नहीं है। मेरे लिए सबसे हताशा का पल वह था, जब हमारे ही रिश्तेदारों के षड्यंत्र की वजह से, एक 'लोकल बिल्डर' को हमारा घर जबरन, उसे बहुत ही कम दाम में, मेरे पिता को देना पड़ा। वहां आज राँची का जाना-माना इमारत बना है। वह घर मेरे पिता ने अपने खून पसीने के पैसों से और बैंक से कर्जा लेकर बनाया था, आज भी वह घर मेरे सपनों में आता है।

मेरे बड़े भाई के ससुराल वालों के द्वारा आई.पी.सी 498 का झूठा 'केस' किया गया ताकि हमारे परिवार के पैसा ले सके। जिसमें मुझे भी लिप्त किया गया। जबकि उस वक्त मेरी पढ़ाई चल रही थी। महीनों तक कोर्ट के चक्कर लगाने के बाद हमें कोर्ट द्वारा निर्दोष करार दिया गया। इस दौरान महीनो तक हमारा परिवार चैन की नींद नहीं सो पाया।

हमारे घर का एक किरायेदार जो मेरे ही पिताजी के 'ऑफिस' में काम करता था। जिसपर पिताजी ने बहुत भरोसा किया था। अपने छोटे भाई जैसा मानते थे। घर खली करने की बात करने पर मेरे पिताजी को ऑफिस में मारा और उल्टा खुद को जख्मी करके पिताजी पर ही झूठा ऍफ़.आई.आर दर्ज करा दिया। गौरतलब है की, उस वक़्त वह पर ऑफिस के सिक्योरिटी गार्ड ने सब अपनी आँखों से देखा था और उन्होंने उस

आदमी के धमकाने पर भी अपना बयान नहीं बदला।

2012 में हमारे साथ साइबर फ्रॉड हुआ। जिसमें करीब डेढ़ लाख रुपए साइबर अपराधियों द्वारा हमारे परिवार से लूट लिया गया।

इसी तरह के कई छोटे-बड़े घटनाएं जीवन में घटित होती रही जिससे हमारा परिवार जूझता रहा है। 2020 में मेरी शादी हो गई उस वक्त में एक *बी.पी.ओ* में काम कर रहा था और कोरोना की महामारी भी उसी समय में आई। हम में से कई सारे ऐसे होंगे जिनका जीवन इस महामारी ने बर्बाद कर दिया। अपनों को छीन लिया, क़र्ज़ में डूब गए। हमारे साथ भी ऐसा ही हुआ अगले ही साल यानी 2021 को मेरे बड़े भाई 'कोरोना' की वजह से गुजर गए। हमारा हंसता खेलता परिवार पल भर में तबाह हो गया।

उनको खोने के बाद मुझे यह एहसास हुआ कि वह आज भी जिंदा है। मेरे विचारों में, मेरे व्यक्तित्व में, मेरे ज्ञान जो मैंने उनसे सीखा था उनको आदर्श मान कर। इस किताब को लिखने की प्रेरणा स्रोत मेरे बड़े भाई हैं और यह किताब उनको समर्पित है।

हम ठगे गए, दबाए गए, फंसाए गए, मजाक बना दिए गए और किस्मत ने भी हमारा साथ नहीं दिया क्योंकि शायद हमने ही हाल किस्मत के भरोसे छोड़ रखा था और किस्मत हमारे भरोसे था। रिश्तेदार, दोस्तों और अपनों से धोखा खाने के बाद उन अनुभवों से मिले निष्कर्ष को संछेप में मैं, इस किताब में लिख रहा हु। जिससे वो गलतियाँ आप ना करे जो मैंने और मेरे परिवार ने की। जिससे आप अपने शत्रुओं के मंसूबों से बच सके जो आपके आस-पास आपको डसने के लिए तत्पर है। आपके आसपास लोग ही नहीं बल्कि इस दुनिया के षड्यंत्र को समझ कर अपने निर्णयों को अधिकतर वक़्त सही ले पाए।

परिचय

इस दुनिया में लोग आपको खुद से पीछे करने, धोखा देने, ठगने, आपको नीचा दिखाने और आपके सीधेपन का फायदा उठाने के लिए कदम-कदम पर तैयार हैं। इसके बाद आता है आर्थिक, शारीरिक और मानसिक चुनौतियाँ। जिनका सामना आपको हर रोज करना पड़ता है। इन सब को पार करने के बाद ही आपको अपनी मंजिल मिलेगी।

यही कारण है कि जीवन में लोग अक्सर हार मान जाते हैं। वह इतने सारे समस्याओं से जीत नहीं पाते। यह जीवन अपने आप में ही एक बहुत बड़ी जंग है। एक बहुत अच्छी फिल्म आई थी, जिसका नाम था 'बॉर्डर' उस फिल्म में आपने देखा होगा कि 'मेजर कुलदीप सिंह' जिन का किरदार फिल्म अभिनेता *सनीदेओल* ने निभाया था। उन्होंने एक *डाइलॉग* कहा था कि "*दुनिया की तारीख शाहिद है कि मरकर किसने लड़ाई नहीं जीती, लड़ाई जीती जाती है दुश्मन को खत्म करके*"। लोग जब अपनी समस्याओं से जीत नहीं पते तो अक्सर गलत कदम उठा लेते है। हमें अपनी चुनौतीयों का सामना कर उनपर विजयी प्राप्त करना है, तभी जाकर हमारा जीवन सफल होगा।

दुनिया में आपको हर सुख सुविधा नहीं मिल सकती। अगर आपको हर सुख सुविधा मिल भी रही है, तो उसे पाने के लिए हजारों लोग हर दिन- रात मेहनत कर रहे हैं। याद रहे कि हमारे इस दुनिया में '*रिसोर्सेज*' बहुत ही '*लिमिटेड*' हैं और उनको पाने के लिए लोग बहुत ज्यादा है। जो पकवानों से भरी हुई थाली आपको आज मिल रही है, उसे हासिल करने के लिए और आपको उस 'रेस' से बाहर निकालने के लिए बहुत सारे लोग कहीं ना कहीं मेहनत कर रहे हैं। जो सुख सुविधा आपको आज मिल रही है, अगर आप उसे बचा नहीं सके तो वह कल को किसी और के पास चला जाएगा। अक्सर आपने ऐसा देखा होगा कि जिनके पिता बड़े-बड़े अफसर रहे हैं, धनवान रहे। उनके पुत्र-पुत्रियाँ उनका जो भी साम्राज्य था वह सब लुटा बैठे। आज के समय में वह दाना-पानी के लिए मोहताज है। यही कारण है कि आपको सशक्त बनना है, ताकि आपके

पास जो भी संसाधन है, उसे भविष्य के लिए संभाल के रखे। साथ ही अपने संसाधनों का विकास करते रहे।

वैसे तो हमें सबको हराकर आगे निकलना है, लेकिन कैसे? हमारा दिमाग तो किसी कंप्यूटर की तरह बचपन से ही 'प्रोग्राम' कर दिया गया है। हमें दुनिया अपने इशारों पर उसी तरह से नचा रही है, जैसे कि एक 'प्रोग्रामर' कंप्यूटर से काम निकालता है।

इतिहास गवाह है कि इस दुनिया में सफल वही हो पाया है, जो इस प्रोग्रामिंग को तोड़कर अपना खुद का रास्ता निकाल पाया है। आजकल के जमाने में भी, बड़ा वही बन पा रहा है जिसे यह प्रोग्रामिंग का खेल समझ आ गया और इसका तोड़ निकाल लिया। बड़े-बड़े अंत्रप्रेनोर, बिजनेसमैन, पॉलीटिशियन, इंडस्ट्रियलिस्ट, साइंटिस्ट, इन्वेंटर इत्यादि लोगों ने इस प्रोग्रामिंग की जंजीर को तोड़ दिया है। तभी वह वहां है, जहां आज आप उन्हें देख रहे हैं। इसीलिए उनको 'वी.आई.पी' बोलते हैं। हम लोग, आम लोग हैं 'कॉमन पीपल' क्योंकि हमारी सोच 'कॉमन' है। अब आपको अंदेशा लग गया होगा कि 'प्रोग्रामिंग' से मेरा क्या मतलब था। हमारी सोचको उनके हिसाब से ढालना। ताकि हम उनके अनुसार काम करे और उन्हें हमसे फ़ायदा मिले। आने वाले अध्यायों में हम इसी 'माइंड प्रोग्रामिंग' के जाल को समझेंगे और इससे निकलने के उपाय ढूंढेंगे।

अगर आप जानना चाहते हैं कि जीवन में सफल कैसे हो? सफलता का मूल मंत्र, इत्यादि जैसी चीजें तो यह गलत किताब आपने उठा ली है। इन विषयों पर बाजार में आपको अच्छी-अच्छी पुस्तकें अच्छे-अच्छे लेखकों द्वारा लिखी मिल जाएगी।

यह किताब चीजों को कैसे हासिल करें इसके बारे में नहीं, बल्कि कैसे अपने संसाधनों और खुद को इस कठोर दुनिया से बचा कर रखें इसके बारे में है। इसमें मैंने परिवार, दोस्ती, कैरियर, प्यार-संबंध, फाइनेंस, आदतें, खान-पान, अध्यात्मा, आत्म मूल्यांकन, मानसिक स्वास्थ्य, असफलता इत्यादि जैसे विषयों में अध्याय लिखे हैं जो आपके रोजमर्रा के जीवन में काम आएंगे।

1

एक खूबसूरत शुरुआत

"हम अपने सोच से बनते है, जैसा हम सोचते है वैसा हम बनते है।

- गौतम बुद्ध"

जब एक बच्चे का जन्म होता है। उस वक्त वह नहीं जानता कि वह किस देश में है, किस धर्म का है, किस जाति से उसका नाता है, उसका कैसा रंग है, सुंदर है या नहीं। उसे इन बातों से फर्क नहीं पड़ता। उसके सामने कौन खड़ा है, वह कोई देश का प्रधानमंत्री है या कोई डकैत है। उसे उस व्यक्ति से कोई भय नहीं। उसे कब रोना चाहिए, टॉयलेट करना चाहिए इस पर किसी का वश नहीं। उसे फर्क नहीं पड़ता कि कौन उसे पसंद करता है, कौन उसकी आलोचना करता है। अगर आप किसी बच्चे के पास जाकर उसे कुछ भी अपशब्द कह दो तो शायद वह आपकी बात सुनकर हंस दे, उसे फर्क नहीं पड़ता कि आप उसे क्या बोल रहे हो।

उसे बस चाहिए माँ की ममता, अपनी पापा के गोद में खेलना, नींद और खाना। सही मायने में अगर देखें तो सबसे आजाद अगर कोई है तो वह बच्चा ही है जिसे किसी भी चीज़ का भय नहीं। जो अपनी ही दुनिया

में मस्त है।

समय के साथ-साथ चीजें बदलती जाती है। उस बच्चे को धर्म, देश, जाति आदि का पाठ पढ़ाया जाता है। कौन से धर्म के लोग अच्छे और कौन से धर्म के लोग बुरे हैं। कौन ऊंची जाति का और कौन नीची जाति का है। कौन लोग हमारे धर्म के लिए खतरा है और किनका योगदान हमारे धर्म को बढ़ाने के लिए सबसे ज्यादा है। अक्सर इन की शुरुआत माता-पिता ही करते है और बाद में परिवार के सदस्य। इन सब चीजों से बच्चे के मन में पक्षपात का बीच डाल दिया जाता है, जो समय के साथ बड़ा होकर बच्चे के व्यक्तित्व के निर्माण का हिस्सा बन जाता है।

अब व्यक्तित्व की बात आई गई है तो जरा देख ले हमारा 'व्यक्तित्व' किन-किन लोगो पर निर्भर करता है या प्रभावित होता है।

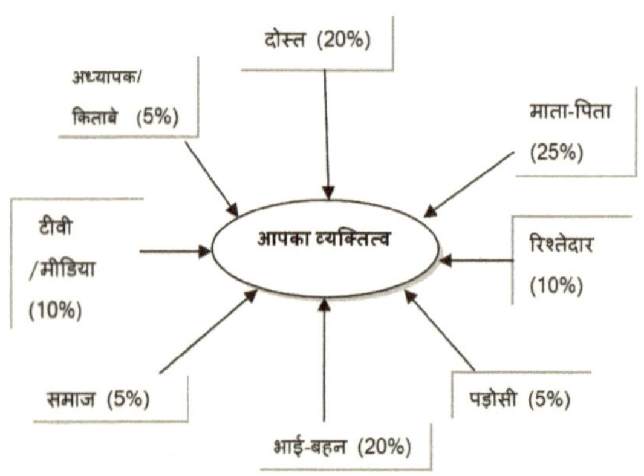

आपका व्यक्तित्व जिनसे प्रभावित होता है।

जैसा कि आप रेखा-लेख में देख सकते हैं। हमारा व्यक्तित्व का लगभग 65 प्रतिशत निर्माण में सबसे ज्यादा योगदान हमारे माता-पिता, भाई-बहन और मित्रों का होता है। [नोट : इस रेखा लेख में दिए गए प्रतिशत को आप अपने अनुसार ढाल सकते हैं। यह विचार कर कि आपने, अपने जीवन में किन के साथ ज्यादा समय बिता

या।] अगर किसी का भाई-बहन परिवार में ना हो तो वह टी.वी, मीडिया पर ज्यादा समय बताएगा, जिससे टीवी/ मीडिया का प्रभाव 20 से 30 प्रतिशत तक उसके व्यक्तित्व में शामिल हो सकता है।

बचपन से हम चीजों को सीखते हैं। कोई भी माँ के पेट से सीख कर नहीं आता। यहां मैं, एक फिल्म का जिक्र करना चाहूंगा जिसका नाम 'टर्मिनेटर' है। उस फिल्म में एक रोबोट भविष्य से आता है। वह फिल्म के नायक को खत्म करने के लिए 'प्रोग्राम्ड' होता है। वह चाह कर भी अपना मकसद बदल नहीं सकता।

हम मनुष्य के साथ ऐसा नहीं है। हम अपने लक्ष्य को चुनने और अपनी जिंदगी को मनचाही दिशा देने में स्वयं सक्षम है। वास्तव में हमें लगता तो है, कि जो हमारा व्यक्तित्व है, वह हमारा है, लेकिन असल में हमारा व्यक्तित्व तरह-तरह के लोगों के प्रभाव से बनता है।

जैसा कि मैंने रेखा लेख में दर्शाया। हमारी सोच उसी 'लेवल' पर काम करती है जिनके साथ हम ज्यादा समय बिताते हैं। हम वही सोचते हैं, जो हमारे आसपास के लोग चाहते हैं, कि हम सोचे। हम वही बोलते हैं जो हमारे आसपास के लोग हमसे सुनना चाहते हैं।

कुछ खुशकिस्मत लोग ही ऐसे होते हैं जो इस जंजीर को तोड़कर बाहर निकलते हैं और दुनिया को अपने ढंग से देखते हैं। इस अध्याय की शुरुआत में जैसा मैंने बच्चे का उदाहरण दिया। उसे कोई फर्क नहीं पड़ता कौन उसकी आलोचना करता है, लेकिन जब वही बच्चा बड़ा हो जाता है। तो उसे फर्क पड़ने लगता है की दूसरे उसके बारे में क्या राय रखते हैं।

हमारा दिल घबराता है, जब हम किसी कम्पनी में किसी नौकरी के लिए इंटरव्यू देने जाते हैं। जब कोई बड़े औधे का व्यक्ति हमारे सामने आ जाता है। बाल्यवस्था में तो हम निडर हुआ करते थे। कहां गई वह निडरता? उस वक्त तो हम स्वयं की रक्षा भी नहीं कर सकते थे। लेकिन आज समाज, 'लॉ-ऑर्डर' से वाकिफ है। फिर मन में किस बात का डर? क्या है जो हमें खुलकर हंसने से, अपनी भावनाओं को व्यक्त करने से रोक रहा है? खुलकर जीने से रोक रहा है?

सपनापुर नाम का एक जगह था। वहां 'मंजिल' नाम का लड़का रहता था। उसके माता पिता ने बचपन से ही उसे बताया था की उसका धर्म

सर्वश्रेस्ट है। कुछ खास धर्म के लोग बहुत बुरे होते है। उसे एक खास नौकरी में जाने का मन था। उसकी बहन कहती थी की उस नौकरी के लिए होने वाली परीक्षा को पास करना आसान नहीं है, उससे न हो पायेगा। वो खुद बहुत समय से इसकी तैयारी कर रही है, लेकिन सफल नहीं हो पाई। उसके कॉलेज में एक लड़की उसे बहुत पसंद थी। उस लड़की से बात करने की हिम्मत कभी नहीं जुटा पाया। दोस्त उसे बताते की वो लड़की बहुत घमंडी है। वो उसका दिल तोड़ देगी।

समय बीतता है, उसका एक दोस्त उसी परीक्षा में पास हो जाता है। उसकी नौकरी लग जाती है जो यह पाना चाहता था। लेकिन अपने बहन की बात सुनकर कभी ढंग से उसकी तैयारी नहीं की। बाद में पता चलता है जिस लड़की को वह पसंद करता था। उसकी शादी उसी के एक दोस्त से हो जाती है। यह भी पता चलता है, की जिस धर्म के लोगो को वो पसंद नहीं करता उस लड़की की माँ उसी धर्म की है।

इस छोटी सी कहानी से हमे यह पता चलता है की जब तक हम खुद किसी चीज़ का अनुभव स्वयं ना करे उससे पहले उसके बारे में विचार, अपनी धारणा नहीं बनानी चाहिए।

एक बार एक लड़का *लेटसे* स्कूल आया। अपने *क्लास* में गया, वैसे तो वह 'केमिस्ट्री' यानि रसायन विज्ञान की क्लास थी। लेकिन पता चला टीचर ने सबको प्रयोगशाला (लैब) में बुलाया है। वह भी लैब गया अपनी बची हुई क्लास पुरी करने। टीचर ने उसे थोड़ा बहुत डांट फटकार लगाई और आगे से समय पर आने को कहा। टीचर ने एक *बीकर* में कुछ पानी जैसा दिखने वाला केमिकल रखा था। जिससे काफी धुआँ निकल रहा था। टीचर को सवाल पूछने वाले बच्चे बेहद पसंद थे। तो लड़के ने सोचा थोड़ा सवाल पूछ कर 'इम्प्रेशन' बनाता हु। उसने पूछा 'ये रसायन कितने तापमान पर गर्म किया गया है'?

पास में बैठे बच्चे हसने लगे। टीचर ने उन्हें चुप करते हुए कहा की ये 'सूखी बर्फ' है। जिसे अंग्रेजी में 'ड्राई आइस' कहते है। यह एक तरह से '*कार्बनडाईऑक्साइड*' का ठोस रूप होता है। इसकी खास बात ये है, कि यह काफी ठंडी होती है। अगर घर वाली *नॉर्मल* बर्फ की बात करें तो उसका तापमान 'माइनस' 2 से 3 होता है, लेकिन इसकी सतह

का तापमान माइनस 75 डिग्री तक से भी काम होता है। यह गरम नहीं बल्कि इतना ठंडा है की तुम्हारे हाथ ठण्ड से जला सकता है। *ड्राईआइस* के इस छोटे से टुकड़े को पानी में डालने से ये धुआँ बन रहा है। जो हमें फिल्मो, *डांसशोज* में देखने को मिलता है। अगर तुम धायण से देखो तो यह धुआँ हवा से भरी है। जिस वजह से यह *बीकर* के अस पास जमा हो रहा है।

हमारा मान कभी-कभी 'ऑटो-मोड' में चला जाता है। जैसे इस वाक्य में देखने को मिला। धुआँ निकलता देख उसे लगा की रासायन का तापमान आधीक होगा। जैसा अकसर चाय के प्याले से, गर्म पानी या कही आग लगने पर धुआँ देखने को मिलता है। वास्तव में ऐसा नहीं था। हमारा मष्तिस्क हमे वही समझाता है, जो ये जनता है, समझता है, जो इसे दिखाई देता है। इसके बहार का चित्र का आकलन यह नहीं कर सकता।

यही कारन है की इंटेलिजेंस, आर्मी, पुलिस इत्यादि संगठनो में कैंडिडेट को इस प्रकार ट्रैंनिंग दी जाती है, की उसके शारीरिक बल के साथ-साथ उसका मान भी बलिस्ट हो। जिससे किसी भी तरह की कठिन परिस्थिति में वो यह सोच पाए जो दुश्मन नहीं सोच रहा। वह उस खतरे को टाल सके जो दिख तो नही रहा लेकिन वास्तव में मौजूद है और अपने दुश्मनों से एक कदम आगे रहे।

यहाँ पर दो चीजे समजने लायक है।

i) जो छवि हमारे सामने है, उसके बारे में जितना हमे पता है, उससे ज्यादा हमारा मस्तिस्क हमे नहीं बताता। उसे ही परम सत्य मन कर हम उसके बहार जानने की कोशिश भी नहीं करते।

ii) हम अक्सर सुनी-सुनाई बातो में आ जाते है। लोगो से प्रवाहवीत हो जाते है। हम बिना कुछ सोचे वो मान लेते है जो लोग हमसे मनवाना चाहते है।

इससे बचने के लिए मेरा मानना है, आप चीजों को खुद अनुभव कीजिए, तथ्य खोजिए, लोगों से बात करें, निसंकोच बिना डरे ठीक उसी बालक की तरह जो आप अपने जन्म के बाद थे। समय आ गया है वह बालक बनने का जिसके लिए यह पूरी दुनिया एक समान थी।

जब आप लोगों की बातों के खिलाफ जाकर कुछ ऐसा काम करेंगे या चाहेंगे जो आपके जीवन और आपके परिवार के लिए लाभदायक होगा। तब कुछ लोग उस काम को असंभव, बेकार बताएंगे। आपको पागल घोषित कर देंगे। हो सकता है आपके परिवार वाले भी आपकी काबिलियत पर शक करें। इसमें उनकी कोई गलती नहीं क्योंकि उनका 'माइंड' भी बचपन से 'प्रोग्राम्ड' है। वे लोग वह छवि नहीं देख सकते जो आप देख रहे हैं। उनकी सोच भी उसी मापदंड पर स्थित हो गई है। जो उन्हें बचपन से बताया गया है।

अब ऐसा नहीं है कि हर बार आपके माता-पिता, भाई-बहन या दोस्त की बात गलत हो। कई बार वह भी सही हो सकते हैं। इसलिए यह बहुत आवश्यक है कि आप चीजों को 'इवेलुएट' या कहूं मूल्यांकन करें। जिन चीजों में आपके, दूसरों की जान, प्रतिष्ठा, या धन की बात आए। उस पर दूसरों के विचार,सलाह और बातों का ध्यान हमेशा रखना चाहिए।

जो बुजुर्ग है, उनके अनुभव से सीखने की कोशिश जरूर करें। लेकिन इवेलुएट करके। देखा गया है, ऐसी कई सारी प्रथाएं, मान्यताएं हमारे संस्कृति, समाज में थी जो आज नहीं है। उनको हटा दिया गया इसी वजह से की वह हमारे समाज में *फिट* नहीं बैठ रही थी। कहीं ना कहीं गलत भी थी। इसलिए जरूरी नहीं कि हर मान्यताएं और प्रथाएं सही हो लेकिन हमें उसका मूल्यांकन जरूर करना चाहिए।

दुनिया के लोग हमेशा आपको तरक्की से रोकने के लिए बैठे हैं। आपको चुनौती देने के लिए बने हैं। इसलिए यह जरूरी है कि आप उन लोगों पर ध्यान दें जो आपको सफल देखना चाहते हैं या बनाना चाहते हैं। जिस तरह हमें हराने के लिए लोग बैठे हैं उसी तरह हमें जिताने के लिए भी लोग हैं। तो हमारा मकसद होना चाहिए उन लोगों को खोजना, जो हमारा भला चाहते हैं, हमें भीड़ के समूह से कुछ लोग ऐसे ढूंढने हैं, जो हमारे लिए फलदाई है।

यहां पर आपको लग रहा होगा कि मैं थोड़ा मतलबी जैसी बातें कर रहा हूं। लेकिन हमें कुछ लोग अपने जीवन में ऐसे चाहिए जो हमारे लिए चीयरकरें, हमे *गाइड* करें और हार जाने पर उत्साह व मनोबल बढ़ाएं।

जब हम बाजार में जाते हैं तो हमें ढेर सारी फल-सब्जियां मिलती है। उनमें से हम कुछ ही फल-सब्जियों को अपने साथ घर लेकर आते हैं। वह भी चुन-चुन कर कि कहीं उनमें से कोई खराब ना निकले, किसी में कीड़ा ना पढ़ा हो, जो ताज़े हो, जो हमारे शरीर को उर्जा प्रदान करें। अगर कभी 1 किलो सेब में, एक-आध सड़ा निकल जाता है। हम अगले दिन उस फल वाले के दुकान पर जाकर उसे 10 बातें सुनाते हैं। जब हम सब्जी फल जैसी छोटी चीज के साथ इतना सजग हैं, लेकिन अपने जीवन में उन व्यक्तियों का चुनाव करते वक़्त क्यों नहीं? जिनका असर हमारे मस्तिष्क व चरित्र पर पड़ता है। उस वक्त हम यह नहीं देखते कि कहीं उसके आचार-विचार सड़े हुए तो नहीं। हम उनके व्यवहार, आचरण पर ध्यान नहीं देते। वह हमें भविष्य में पीड़ा पहुंचा सकते हैं या नहीं इसका आकलन हम नहीं करते।

इसी कारण से भविष्य में मन ना मिलने पर, यही दोस्त/रिश्तेदार आगे चलकर हमारे शत्रु बनते हैं। हमें ऐसा नुकसान पहुंचाते की कोई बाहर का आदमी नहीं पहुंचा सकता। इस तरह के दोस्त/रिश्तेदारों को अक्सर हमारा भेद पता होता है। जिसका फायदा वह बखूबी उठाते हैं।

कुछ लोग ऐसा नकाब पहन के रखते हैं, कि उन से भला दुनिया में कोई नहीं। लेकिन धीरे-धीरे समय बीतने के साथ-साथ जब आप उन लोगों से परस्पर प्रभाव करते है। इनको गहराई से जानते हैं, तो पता चलता है कि यह तो भेड़ के भेष में भेड़िया है। यही कारण है कि पुलिस वाले, आर्मी वाले जल्दी किसी की बातों पर नहीं आते और किसी को भला नहीं समझते। जिस का आकलन हम आम इंसान जल्दी से नहीं कर पाते और बाद में हमारे जीवन में इस तरह का व्यक्ति तांडव करता है।

अब सवाल आता है कि हम कैसे परख करें ऐसे लोगों की जो हमारे लिए अच्छे हैं और जो हमें भविष्य में नुकसान पहुंचा सकते हैं? इसका जवाब मैं आपको अगले अध्याय में दूंगा। आइए जान लेते हैं कि इस अध्याय में हमने क्या-क्या सीखा।

<u>संक्षेप</u>

- एक छोटा बच्चा सबसे निडर और अपने आप में आज़ाद होता है। उसे आलोचना या समाज से कोई फर्क नहीं पड़ता। उसी तरह आपको भी सोचना है, लोगों की बातों और आलोचना से आपको फर्क नहीं पड़ना चाहिए। इससे आपके तरक्की बाधित होगी और कुछ नहीं।

- "माइंड प्रोग्रामिंग" की जंजीर को तोड़कर दुनिया को खुले दिमाग से समझे। दसरों की सोच से खुद को सीमित मत रखें।

- हमारे मस्तिष्क को धोखा देना कोई बड़ा बात नहीं है। हमारा मस्तिष्क बस उतना ही देख, सुन और समझ सकता है। जितना उसे बताया या दिखाया गया है। लेकिन यह जरूरी नहीं कि जितना बताया या दिखाया जा रहा है उतना ही सच हो। उसके बाद भी चीजें वास्तव में हो सकती हैं। जिनको हमें जानने की कोशिश हमेशा करनी चाहिए। खास कर के तब जब वह हमारे लिए महत्वपूर्ण हो।

- दुनिया में जो जैसा दिख रहा है वैसा हो भी सकता है और नहीं भी। किसी निष्कर्ष पर आने से पहले चीजों को खुद अनुभव करें, तथ्य खोजें, फिर विचार करें।

- कभी-कभी आपकी खुद की धारणा भी गलत हो सकती है इसलिए किसी चीज के प्रति कठोर धारणा ना बनाएं।

- दुनिया में कुछ लोग आपको ऐसे मिलेंगे जो आपका साथ देंगे और कुछ ऐसे होंगे जो आपके खिलाफ जाएंगे इसलिए लोगों को समझ बूझ कर ही अपने जीवन में शामिल करें।

- आपसे जो बुजुर्ग लोग हैं उनका अनुभव आपसे ज्यादा है। उनसे सीखने की कोशिश करें। उनका नजरिया जाने फिर अपने नजरिए से मूल्यांकन कर निष्कर्ष पर आए।

2

मित्रता से सफलता

पिछले अध्याय में हमने देखा, कि हमारे व्यक्तित्व का कितना हिस्सा हमारे आसपास के लोगों से निर्माण होता है। कभी-कभी हमारे आसपास के लोग हमारी मानसिकता या जीवन में नकारात्मक प्रभाव डालते हैं। इस अध्याय में हम यह देखेंगे कि कैसे हम अपने आसपास के सही व्यक्तियों का चुनाव करें।

देखा जाए तो कुछ व्यक्तियों का चुनाव हमारे हाथ में नहीं होती। जिनका चुनाव हम नहीं कर सकते, जैसे हमारे माता-पिता, भाई-बहन, रिश्तेदार। यह हमारे जीवन में नकारात्मक व सकारात्मक प्रभाव डालते भी हैं तो इन पर हमारा वश नहीं। आपने देखा होगा कि कुछ परिवार में बहुत ज्यादा झगड़ा, कलंक लगा रहता है। जिस वजह से वहां के बच्चों पर भी उसका असर पड़ता है। जिनका चुनाव वह तो नहीं कर सकते। वह बालक/बालिका तो बस वहां पैदा हुआ है। लेकिन उस बालक की मानसिकता वहां के विषैले परिवेश से खराब हो जाती है। किसी-किसी के घर में, भाई बहन बहुत ज्यादा आक्रमक स्वभाव के होते हैं। अपने

से छोटे या अपने से बड़े भाई बहनों को सताते व मारते-पीटते रहते हैं। जिसका असर भी उन बच्चों पर पड़ता है।

किसी घर में ऐसे रिश्तेदार होते हैं, जहां उस घर के बच्चों को दूसरे बच्चों से या अपने बच्चों से तुलना करते हैं। उन बच्चों के माँ-बाप को बताते हैं कि उनका बच्चा सही मापदंड से पढ़ाई-लिखाई नहीं कर रहा। एक हीन भावना बच्चे के मन में डाल देते हैं। जिससे बच्चे के मस्तिष्क पर असर पड़ता है। इससे दो चीजें होती है, या तो वह अपने आप को दूसरों से कम समझने लगता है या तो वह इसकी फिक्र ही नहीं करता कि उसे किसी से प्रतिस्पर्धा करना है।

खैर यह तो बात थी उनकी जिनका चयन हम नहीं कर सकते। लेकिन जिनका चयन हम कर सकते हैं, इनमें है हमारे दोस्त, शिक्षक, हमारे आदर्श, मीडिया/फिल्म, खानपान इत्यादि।

शोध में पाया गया है कि 15 से 35 वर्ष की उम्र में हमारे व्यक्तित्व का विकास हो जाता है। यही वह उम्र का पायदान है, जो हमारे जीवन के आने वाले समय में यह निर्धारित करता है कि हम कितने सफल होने का दम रखते हैं। हम समाज के लिए कितने महत्वपूर्ण हैं। हम समाज को क्या देने वाले हैं। हमारा व्यक्तित्व दूसरे लोगों को किस तरह प्रभावित करेगा। इसलिए एक अच्छा व्यक्तित्व का निर्माण होना आवश्यक है और एक अच्छा व्यक्तित्व का निर्माण करने के लिए सुंदर मानसिकता का विकास होना जरूरी है।

दोस्ती उस नौका की तरह है। जिसमें सवार होकर हम समस्या, दुख, तकलीफ, अभाव इत्यादि को पार कर सकते हैं। अपने लक्ष्य को हासिल कर सकते हैं। लेकिन यह तभी संभव है, जब हमारा नौका की स्थिति सही हो। उसमें कोई खराबी ना हो और चुनौतियों को झेलने के लिए मजबूत हो। नहीं तो वह नौका डूबेगा और वह भी आपको संग लेकर।

अरस्तु जो यूनानी दार्शनिक थे, प्लेटो के शिष्य और सिकंदर के गुरु थे उन्होंने दोस्ती को तीन तरह से बांटा है:-

i) <u>उपयोगिता के लिए दोस्ती</u>- इसमें दो या उससे ज्यादा लोग किसी उद्देश्य से जुड़े होते हैं। जैसे आप किसी के पढ़ाई में मदद करते हैं, बदले में वह दोस्त आपको आपके स्कूल में बदमाश बच्चों से बचाता है।

आपका टिफिन दूसरे बच्चों द्वारा चोरी होने से रोकता है। कॉलेज में वह व्यक्ति जो *क्लासनोट* के बदले, आपसे कुछ पैसे या फिर कुछ खाने की चीज मांगता है। ऑफिस में वह व्यक्ति जो आपको आपके काम में मदद करता है, बदले में वह आपसे दारू की बोतल की मांग करता है।

ii) <u>आनंद के लिए दोस्ती</u> - यह दोस्ती जवानी के दिनों में बहुत आम देखने को मिलती है। उदाहरण के तौर पर आपके दोस्त को क्रिकेट खेलना पसंद है और आपको भी। इसी तरह के कुछ और लोगों के साथ मिलकर आप अपने पास के मैदान में जाकर क्रिकेट खेलते हैं। अगर आपको भ्रमण करना पसंद है और आपके मित्र को भी, तो आप साथ घूमते-फिरते हैं। इस तरह के दोस्ती में आकर्षण का केंद्र कोई एक खास 'कार्य' होता है। जो आपको और आपके समक्ष व्यक्ति को भी पसंद होता है। जैसे-जैसे उस कार्य में दोनों मन लगाते हो, वैसे-वैसे आपकी दोस्ती बढ़ती जाती है। यह 'कार्य' ही दोस्ती की नींव होती है। जिसमे आप लोग को आनंद अता है।

iii) <u>हित के लिए दोस्ती</u> - जो दोस्ती काफी खास होती है। इसमें दो या उससे अधिक लोग एक दूसरे के हित के बारे में सोचते हैं। एक दूसरे के मुश्किल वक्त में साथ देते हैं। इसमें कोई स्वार्थ नहीं होता। लोग अक्सर पहली दो तरह की दोस्ती करते हैं और ढेर सारी उम्मीदें लगा बैठते हैं। लेकिन यह भी सच है की पहली दो तरह की दोस्ती से ही 'हित वाली दोस्ती' बनती है।

आजकल के समय में 'हित वाली दोस्ती' पाना दिन पर दिन दुर्लभ होता जा रहा है। लोग आजकल अपना हित पहले देखते हैं उन्हें फर्क नहीं पड़ता कि आप कैसे जिंदगी जी रहे हैं। क्या खा रहे हैं, क्या पी रहे हैं। किसी चिंता में है या नहीं। आजकल पहले दो तरह की दोस्ती बेहद प्रचलित है। मैं ऐसा नहीं कहता कि इस तरह के दोस्तों से बचना है या दोस्ती नहीं करनी। यह भी आपके जीवन का हिस्सा है और आपके जीवन को सुन्दर यादों से भर देते है। लेकिन आपको इनसे एक हद से ज्यादा घनिष्ठ नहीं होना चाहिए और ना ही इनसे ज्यादा उम्मीदें रखनी चाहिए। अगर आप ऐसा नहीं करते तो बाद में आपको धोखा मिलता है। आप उस इंसान को कोसते हैं और आगे चलकर किसी से दोस्ती करने से

भी हिचकते हैं। आप यह नहीं देखते कि आपने जिस पर इतना भरोसा किया वह उसके काबिल ही नहीं था।

कश्ती लकड़ी की भी होती है और स्टील, अल्मुनियम, फाइबर की भी। इनमें बैठकर समुंदर में उतरा जा सकता है। लेकिन जब समंदर में तूफान आया हुआ हो, यह ज्यादा मुमकिन है कि कमज़ोर लकड़ी से बनी कश्ती लहरों की मार ना झेल पाए और टूट जाए साथ में आपको ले डूबे।

आजकल इंटरनेट के जरिए दुनिया से जुड़ना काफी आसान हो गया है। कुछ *क्लिक्स से* आप दुनिया के दूसरे कोने में बैठे व्यक्ति से बात कर सकते हैं। अपने काम को इंटरनेट पर साझा कर सकते हैं। खुद के *फॉलोअर्स* बना सकते हैं। लेकिन इसमें आपका नुकसान तब होता है, जब आप इन पर भरोसा करने लगते हैं। अपनी दिनचर्या से इन्हें जोड़ लेते हैं। धीरे-धीरे आपकी मानसिक स्थिति पर इन लोगों का कब्ज़ा होने लगता है।

यहां अगर आप की नकारात्मक आलोचना इंटरनेट पर कोई करे, तो इससे आपको तकलीफ होने लगती है। आप 'डिप्रेशन' में चले जाते हैं (जिसके बारे में आने वाले अध्याय में विस्तार से जानेंगे)। आपको ऐसा लगता है, की जरूरत पड़ने पर यह आपका साथ देंगे। जैसा कि असल जीवन में हमारे मित्र देते हैं। लेकिन वास्तव में ऐसा कम ही देखने को मिलता है।

हम मनुष्य को सामाजिक पशु यानी सोशल एनिमल कहां जाता है। हमें एक स्वस्थ जीवन व्यतीत करने के लिए और सुख-दुःख बांटने के लिए एक दूसरे पर निर्भर रहना पड़ता है। हमारी मानसिक स्थिति इससे अच्छी होती है। हम एक दूसरे से बहुत कुछ ज्ञान प्राप्त करते हैं। जिससे हमारा *स्किल* (कौशल) का विकास होता है। दोस्ती मेरे लिए एक आपसी गठबंधन है। जिसके जरिए हम अपने विचार एक दूसरे से साझा करते हैं। अपने लक्ष्य निर्धारित करते हैं। उस लक्ष्य को प्राप्त करने के लिए एक दूसरे की मदद करते हैं और बिना किसी स्वार्थ के एक दूसरे के मुश्किल वक्त में साथ देते हैं।

वैसे तो दोस्ती शर्तों और उम्मीदों से नहीं होती। लेकिन मैं चार स्तम्ब बताने जा रहा हूं, जो दोस्ती के रिश्ते को आंकने के लिए सक्षम है।

इससे आप खुद पता लगा सकते हैं कि आप और आपके दोस्त में कितना मजबूत रिश्ता है। इससे आपको पता चल जाएगा, आपका दोस्त आपके भरोसे के काबिल है और किससे धोखा मिलने की उम्मीद है।

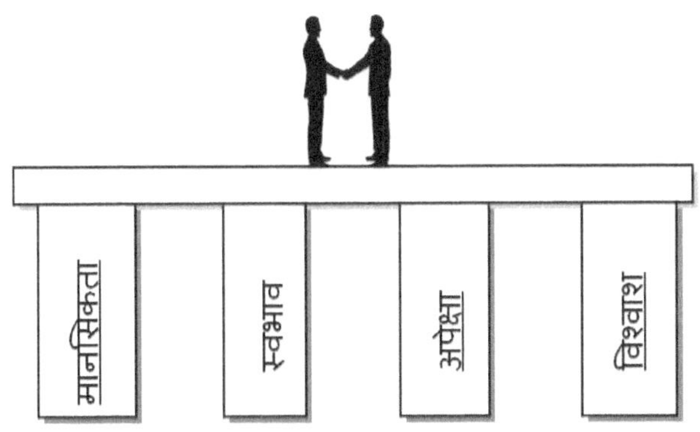

मित्रता के चार स्तंभ

जैसा कि आप रेखा चित्र में देख सकते हैं आप और आपके दोस्त में यह चार स्तम्भों की भूमिका बहुत मायने रखती है। पहला है 'मानसिकता'। अब मानसिकता दो प्रकार की होती है पहली **विकासशील मानसिकता** यानी *'ग्रोथ माइंडसेट'* दूसरा **ठोस मानसिकता** यानी *फिक्स्ड माइंडसेट।*

आपकी मानसिकता में वैसा ही प्रभाव पड़ेगा जैसा मानसिकता या माइंडसेट वाले दोस्त आप बनाएंगे। मान लीजिए अगर आपका दोस्त 'फिक्स्ड माइंडसेट' रखता है। तो वह हर समय यह सोचेगा की कैसे काम चोरी करें, दूसरों के काम की नकल करें, नकारात्मक आलोचना करें, दूसरों को नीचा दिखाए, पांच पैसे का काम करके 10 पैसे कमाने की उम्मीद रखें, हर काम को टालने तथा पहले से ही मन बना ले वह काम संभव ही नहीं जो उसे लगता है मुश्किल है। ऐसे लोग हमेशा शिकायत करते हैं। ऐसे लोगों को जो एक बार यकीन हो जाता है उसी में टिके रहते

हैं। वह अपनी विचार धारणा को बदल नहीं सकते। ऐसे लोगों को यह यकीन दिलाना मुश्किल है कि वह आज जो काम वह कर रहे हैं, उससे कई अच्छा काम आगे कर सकते हैं। अगर वह इस काम पर थोड़ा सा ध्यान दें। ऐसे लोगों के साथ रहकर आप में भी ऐसी प्रवृत्ति आ सकती है।

दूसरी तरफ, बात करें *ग्रोथ माइंडसेट* की तो ऐसे लोग हमेशा नई चीजों की तलाश में रहते हैं। नए कौशल सीखना चाहते हैं। अगर आलोचना किसी काम या किसी व्यक्ति की करते तो उसमें सकारात्मकता (पॉजिटिविटी) रहती। जिससे वह आगे बेहतर हो सके। यह लोग अपनी बातों से नहीं बल्कि अपने कौशल, प्रतिभा व कार्य के जरिए खुद को प्रमाण करते हैं। अपनी मंजिल मेहनत कर हासिल करते हैं। इन से दोस्ती करने पर आपकी मानसिकता में सकारात्मक प्रभाव पड़ता है। आपको जीवन में आगे बढ़ते रहने की प्रेरणा मिलती है। आप अगर इस किताब को पढ़ रहे हैं, तो मेरा मानना है कि आप भी ग्रोथ माइंडसेट के हैं, या फिक्स्ड माइंडसेट से ग्रोथ माइंडसेट विकसित करना चाहते हैं।

अब सवाल यह है, कि क्या आपको फिक्स माइंडसेट वाले लोगों से दोस्ती रखनी चाहिए? तो मेरा जवाब है, हाँ! क्योंकि जिस तरह हमारे पांच उंगली बराबर माप की नहीं है लेकिन हमारे शरीर का हिस्सा है। उसी तरह फिक्स्ड माइंड सेट वाले लोग भी समाज का हिस्सा है। इस तरह के व्यक्ति अगर आपको मिलता है, तो उनसे दूरव्यवहार ना करें या दूर भागने की जरूरत नहीं है। बल्कि अपने ग्रोथ माइंडसेट का प्रभाव उन पर डालने की कोशिश करनी है।

जब दूसरे आपके जीवन को प्रभावित करते हैं, तो याद रखिए आप भी अपनी क्षमता से दूसरों के जीवन को प्रभावित कर सकते है। मैं आपको बस इतना कहूंगा कि थोड़ा संभल कर चले। कहीं उनका दुष्प्रभाव आप पर इतना ना पड़े की आप उन के चक्कर में अपने जीवन का उद्देश्य भूल जाये। एक अच्छे मित्र की तरह आप उसे सही मार्ग दिखाएं, लेकिन चलना तो उसे ही है। ना कि आपको उसे घसीट कर उस पर चलाना है। अगर आप ऐसा करते भी हैं। तो इससे आप अपने जीवन के लक्ष्य से दूर हो जाएंगे। आपकी सकारात्मक ऊर्जा नष्ट होगी, जो आप अपने लक्ष्य

को प्राप्त करने के लिए इस्तेमाल कर सकते है। जब आप उसे सही मार्ग दिखा रहे हैं, फिर भी उस पर कुछ खास असर नहीं होता, तो धीरे-धीरे उस पर ध्यान देना बंद कर दें। मेरी बातें आपको एक बार फिर से स्वार्थी जैसी लग रही होगी। लेकिन याद रहे जिसे उसके माता-पिता नहीं सुधार पाए तो उसे आप क्या सुधारेंगे। आप बस एक छोटी सी कोशिश कर सकते हो। इसीलिए मानसिकता का मिलना एक मजबूत दोस्ती के रिश्ते के लिए बेहद आवश्यक है।

अब हम बात कर लेते हैं दूसरे स्तंभ स्वभाव की। हर व्यक्ति का अपना एक अलग स्वभाव होता है। कोई बहुत जल्द गुस्सा हो जाता है। कोई हमेशा शांत रहता है। कोई बहुत हंसमुख होता है और कोई हमेशा निराश बैठा रहता है। आपकी किससे ज्यादा बनेगी इसका आपके और आपके मित्र के स्वभाव पर निर्भर करता है। आप ऐसे दोस्त नहीं चाहोगे जिसे छोटी-छोटी बातों पर गुस्सा आए। आपके द्वारा हुआ नुकसान को लेकर आप पर जानलेवा आक्रमण करें। यह भी संभव है कि आपकी ऐसे लोगों से ना बने जो हमेशा शांत अपनी ही धुन में रहते हैं। जो किसी चीज पर बहुत कम प्रतिक्रिया देते हैं। ऐसे लोग आपको *बोरिंग* लग सकते हैं। आपकी ऐसे लोगों से भी नहीं बन सकती जो बहुत ज्यादा हंसमुख है। किसी बात को गंभीरता से नहीं लेते फिजूल की बातें ज्यादा करते।

इसके लिए अपना एक 'पर्सनल पैरामीटर' सेट करें कि मुझे इससे कम बात या कम मिलना जुलना है क्योंकि यह बात-बात में उग्र हो जाता है। दूसरे व्यक्ति से मुझे कुछ नुकसान तो नहीं लेकिन हंसी मजाक से बहुत ज्यादा समय नष्ट हो रहा है। तो मुझे इससे थोड़ा कम बात करना होगा। ताकि मेरा वक्त मेरी पढ़ाई या फिर उस काम में लगे जो मेरे लिए महत्वपूर्ण है।

मेरी रुचि शेयर बाजार में रही है। यहां पर कितनी भी अच्छी कंपनी क्यों ना हो समझदार लोग एक बार निवेश करने से पहले कंपनी की *फंडामेंटल एनालिसिस* या मौलिक विश्लेषण अवश्य करते हैं। ताकि यह सुनिश्चित हो सके, उनका पैसा डूब तो नहीं जाएगा। अच्छे *रिटर्न्स* मिलेंगे या नहीं। कंपनी बहुत ज्यादा कर्ज में तो नहीं या कोई गड़बड़ी अतीत में देखी तो नहीं गई। इसी तरह आप जिन से मिलते

जुलते हैं। दोस्ती करते हैं, उनके स्वभाव का *एनालिसिस* जरूर करें, क्योंकि आप भी तो अपना सबसे कीमती चीज जो है समय और ऊर्जा उनके ऊपर खर्च करेंगे। इससे आपको बाद में यह पछतावा नहीं होगा कि किन फिजूल लोगों के पीछे आपने अपना मूल्यवान समय व्यर्थ किया।

अब तीसरे स्तंभ की ओर बढ़ते है जो है **'अपेक्षा'** या उम्मीदें। जिस तरह हमारे माँ-बाप को हमसे अपेक्षा होती है कि हम उनका नाम रोशन करेंगे या अपने स्कूल कॉलेजके के परीक्षा में उत्तीर्ण हो और हम उनसे यह अपेक्षा करते हैं, कि वह हमारे जरूरत की चीजों को हमें खरीद देंगे। ठीक उसी तरह दोस्ती के रिश्ते में भी कुछ अपेक्षाएं होती है। भले ही वह अपेक्षा छोटी सी ही क्यों ना हो लेकिन रहती जरूर है।

आप अपने दोस्तों से यह अपेक्षा रखते हैं कि वह आपको आपके जन्मदिन की पार्टी में बुलाए। अपनी या उनके भाई-बहन की शादी में बुलाए। अगर आपको कभी पैसे की जरूरत पड़ गई तो आपकी मदद करें। लेकिन जब यह अपेक्षाएं पूरी नहीं होती तो कहीं ना कहीं दोस्ती में दरार आने लगती है। यह अपेक्षाएं आपका दोस्त आपसे भी रखता होगा। आप अगर उनकी अपेक्षाओं पर खरे नहीं उतरे तो भी दोस्ती में दरार आनी लाजमी है। दोस्ती में गहराई देखने को नहीं मिलती।

इसमें आपकी कोई गलती नहीं की आप से कोई अपेक्षाएं रखता है या आप उन अपेक्षाओं को पूरा नहीं कर सकते। अगर माँ-बाप हमारी अपेक्षा पूरी नहीं कर पाए या हम उनकी अपेक्षाओं को पूरी नहीं कर पाए, तो ऐसा नहीं है कि हम रिश्ता ही तोड़ देते हैं। लेकिन दोस्ती में अक्सर ऐसा देखने को मिलता है की अपेक्षाएं पूरी नहीं होने पर रिश्ते ही टूट जाते हैं। यही कारण है कि माँ-बाप संतान के रिश्ते को ज्यादा सर्वश्रेष्ठ दर्जा दिया गया है।

अपेक्षाओं को तो हम बंद नहीं कर सकते हैं लेकिन खुद पर नियंत्रण जरूर कर सकते हैं। कोशिश करें कि अपने द्वारा आपके दोस्त को जितनी मदद हो सके करें। अपनी खुशियों या तकलीफ में दोस्तों को शामिल करें व खुद भी दूसरों के खुशियों या दुःख में शामिल हो। इसके बाद भी अगर कोई आप से गिला शिकवा रखता है, तो उसे नजरअंदाज करें। इसमें मन छोटा करने की कोई जरूरत नहीं है।

चौथा वह आखरी स्तंभ है '**विश्वास**'। दोस्ती में एक चीज जिसकी आप बिल्कुल भी अपेक्षा नहीं करते वह है 'धोखा मिलना' लेकिन अक्सर ऐसा देखा गया है, लोग दोस्त बनकर आपको धोखा दे जाते हैं। इसलिए आपको यह सुनिश्चित करना है कि आप किसी को दोस्त बनाकर धोखा ना दे। जैसा मैंने पहले भी कहा *एनालिसिस* यानी विश्लेषण करें। ठीक उसी तरह जैसे कोई शेयर बाजार के *स्टॉक* खरीदने से पहले लोग करते हैं। 0 से 99.9% अपने मन में उन्हें अंक दे जो आपको लगता आपके भरोसे के काबिल हैं। अगली बार अगर कोई ऐसी परिस्थिति आ गई जिसमें उस व्यक्ति/दोस्त पर भरोसा करना पड़े तो आपको या पहले से ही अंदाजा रहेगा कि वह आपके लिए कितना भरोसेमंद है। उससे कितनी अपेक्षा रखनी है। मेरा व्यक्तिगत तौर पर ऐसा मानना है, दुनिया में किसी पर 100% भरोसा ना करें 99.9 प्रतिशत तक भरोसा कर सकते हैं लेकिन 0.01% कभी-कभी सारी बाजी पलट जाती है। इसलिए आपको 0.01% पर ज्यादा ध्यान देना है।

शेयर मार्केट से मैंने यह सीखा है कि जितनी बार हम पैसा किसी कंपनी पर लगाते हैं। जरूरी नहीं कि हर बार हमारा फायदा ही हो 100 बार में लगभग 30 से 40 बार हमारा नुकसान भी होता है। चाहे हमारी विश्लेषण कितनी भी तगड़ी क्यों ना हो जो 30-40 बार में हमारा नुकसान होता है। उसके लिए हम पहले से ही अपना *रिस्कमैनेजमेंट* तैयार रखते हैं। ताकि हमारा धन का नुकसान कम से कम हो। असल जीवन में भी, हमें कुछ ऐसे दोस्त जरूर मिलेंगे जो हमारा भरोसा तोड़ेंगे। हमसे अपना मतलब निकालेंगे। लेकिन इसके लिए हमें हमारा 'रिस्क मैनेजमेंट' फॉलो करना है। ताकि हमारा नुकसान कम से कम हो। यह चार स्तंभ उसी रिस्क मैनेजमेंट को बनाने में आपकी सहायता करेंगे।

दो दोस्त थे सोम और रवि। दोनों में काफी गहरी दोस्ती थी। दोनों एक ही कॉलेज में पढ़ते थे। सोम जहां रहता था वहां के आसपास के काफी लड़कों से उसकी दोस्ती थी। उनमे से कुछ ऐसे लड़कों की संगत में आता है, जो उसे नशे करने की राह पर ले जाता है। धीरे-धीरे सोम रवि की दोस्ती में यह देखा जाता है कि सोम अब रवि जैसा विचार नहीं रखता।

उसके स्वभाव में बहुत परिवर्तन आने लगा है। रवि उसे सामान्य पहले की तरह होने और अपनी पढ़ाई में ध्यान देने को समझाता है। उसका मन दारू और नशे की लत में डूब गया होता है। वह रवि को ही उल्टा भला बुरा सुनाता है। रवि परेशान हो जाता है कि उसका इतना अच्छा दोस्त गलत रास्ते में कैसे चला गया और क्या अब उसे यह दोस्ती का रिश्ता रखना चाहिए? इस तरह की दोस्ती को मैं *'टॉक्सिक फ्रेंडशिप'* यानि ज़हरीली दोस्ती कहता हूं। ऐसे में यह जरूरी नहीं कि आप इस तरह के दोस्त को त्याग करें, लेकिन एक सुरक्षित दूरी जरूर बनाएं। जिससे कल आपको अपने दोस्त की किसी हरकत के लिए मुसीबत ना झेलना पड़ जाए। सबसे पहले तो आपको यह जानना या पता लगाना है कि कि आप के जितने भी दोस्त हैं, उनमें से किसी के साथ आपकी *फ्रेंडशिप टॉक्सिक* हो गई। इसको समझने के लिए कुछ लक्षणों पर आपको ध्यान देना पड़ेगा :-

1. आप पहले की तरह अपने दोस्त या दोस्तों के आसपास शांत और सुरक्षित महसूस नहीं करते।
2. आपको पहले जैसी खुशी नहीं होती जब आप अपने दोस्त से मिलते हैं।
3. आप हताशा, निराशा और प्रेरणाहीन महसूस करते हैं जब आप अपने दोस्त की बातें सुनते हैं या उसके आसपास होते हैं।
4. जो काम आप नहीं करना चाहते आप से दोस्त 'दोस्ती की खातिर' बार-बार वही कार्य कराते हैं। जिसमें झूठ बोलने से लेकर चोरी करने तक शामिल हो सकता हैं।
5. आप लोगों में पहले जैसा विचारधारा नहीं मिलती या विचारों में मतभेद होने लगे हैं। जिसकी वजह से मनमुटाव देखने को मिल रहा है।

अगर आप और आपके दोस्त में इनमें से दो या उससे ज्यादा पॉइंट्स मिल रहे हैं। तो आप टॉक्सिक फ्रेंडशिप में हैं। इससे निकलने या एक सुरक्षित दूरी बना लेने की बेहद जरुरत है।

इससे निकलना कभी कभी आसान नहीं होता। इसे धीरे-धीरे तोड़ना पड़ता है। ठीक उसी तरह जैसे किसी को *सिगरेट* की लत लग जाती है, तो वह उसे छोड़ नहीं सकता लेकिन वह उसके लिए हानिकारक भी है। कभी भी दोस्ती एकदम से नहीं हो जाती। दोस्ती धीरे-धीरे होती है। तो दोस्ती का अंत भी धीरे-धीरे ही करना है। अगर आपको लगता है कि आप 'टॉक्सिक फ्रेंडशिप' में है। तो आपको उस व्यक्ति या व्यक्तियों से कम *कॉल* या *टेक्स्ट* करना चाहिए। उनके कॉल, टेक्स्ट का उत्तर कम से कम देना चाहिए। उन पर आपका विश्वास, निर्भरता और भरोसा धीरे-धीरे कम करनी चाहिए। इसी तरह आप धीरे-धीरे टॉक्सिक फ्रेंडशिप जॉन से बाहर निकल सकते हैं

मशीन और इंसान में सबसे बड़ा फर्क है 'भावनाओं' का मशीन में भावना नहीं होती और वह हमेशा एक समान रहता है। समय के साथ-साथ लोगों में भावनाएं बदलती रहती हैं। यह जरूरी नहीं कि जो आज आपका दोस्त है, वह सदैव आपका दोस्त बना रहे। जो आज आपका दोस्त है वह कल को आपका सबसे बड़ा दुश्मन भी बन सकता है। अगर स्वार्थ पूरा ना हो या उसके हित में आघात पहुंचे, तो दोस्त दुश्मन बनने में समय नहीं लगाते। इस तरह के दोस्त बेहद घातक साबित होते हैं क्योंकि वह आपके सारे राज जानते हैं। आपके बल व कमजोरी उसे पता होती है। इसीलिए मैंने पहले ही कहा कि किसी पर भी 100% भरोसा ना करें। सच्चे दोस्त बहुत मुश्किल से मिलते हैं। ऐसा नहीं कि हर किसी से दोस्ती करने से पहले वह आपके सभी मापदंड पर कोई खरा उतरे। लेकिन जैसे-जैसे दोस्ती बढ़ती जाए वैसे-वैसे आपको भी उसका विश्लेषण करते रहना है। उसी अनुसार आपको खुलना है।

> *"सिर्फ एक या दो सही मित्र अगर आपके जीवन में आ जाए तो आपको फर्श से अर्श तक पहुंचने में देर नहीं लगेगा। वहीं दूसरी तरफ अगर कुछ बुरे मित्र बन जाए, तो अगर आप अर्श में भी हैं, तो फर्श का सफर जल्द तय कर लेंगे।"*

दोस्त बनाने से पहले बहुत ज्यादा ना सोचे, बल्कि दोस्त बनाने के बाद जरूर सोचे। किसकी कितनी प्राथमिकता आपके जीवन में होनी चाहिए। ताकि भविष्य में आपको धोखा मिलने के मौके कम हो जाए और आप सही मित्रता के जरिए सफलता हासिल करें। इसी के साथ हमारा दूसरा अध्याय समाप्त होता है। दोस्ती करने से पहले ज्यादा ना सोचे लेकिन दोस्ती करने के बाद जरूर सोचे कि यह व्यक्ति को आप जीवन में कितना स्थान देना चाहते हैं और वह इसके कितने लायक हैं।

संक्षेप

- दोस्ती तीन तरह की होती है उपयोगिता के लिए, आनंद के लिए व हित के लिए।
- आपकी दोस्ती की मजबूती चार स्तंभों पर टिकी है मानसिकता, स्वभाव, अपेक्षा और विश्वास।
- समय के साथ-साथ आपकी दोस्ती विषैली (टॉक्सिक फ्रेंडशिप) हो सकती है। इस तरह की दोस्ती को आपको पहचान कर इससे जल्द से जल्द बाहर निकलना चाहिए।
- इंसान और मशीन में सबसे बड़ा फर्क है 'भावनाओं' का है। इंसान की भावना समय के साथ-साथ बदलती रहती हैं आज जो आपका मित्र है कल वह आपका शत्रु हो सकता है।
- किसी पर 100% विश्वास ना करें।
- अपने किसी मित्र को सही राह पर लाने के लिए इतना भी प्रयत्न ना करें की आप खुद अपना रास्ता भटक जाए।
- सिर्फ एक या दो अच्छे मित्र आपके जीवन में अगर आ जाते हैं तो आप फर्श से अर्श तक का सफर आसानी से कर सकते हैं वही बुरे मित्र के संगत से इसका विपरीत भी हो सकता है।

3

सरपट दौड़

आजकल अक्सर देखने को मिलता है कि लोग अपने काम और करियर से खुश नहीं है। भले ही वह बहुत अच्छे पैसे कमाते हैं। लेकिन उनकी पारिवारिक जीवन व मानसिक स्थिति खुशहाल नहीं है। उन्हें किसी चीज़ की तलाश होती है, जो उन्हें नहीं मिल रही। इसका सबसे बड़ा कारण मुझे लगता है, खुद के सपनों का ना होना। जिस 'फील्ड' में वह काम कर रहे उस फील्ड में दुसरो की देखा-देखि आना। टीवी/फिल्म इत्यादि से प्रेरित होकर उसमे कूद जाना। दोस्त, रिश्तेदार की बातों में आना। अपने करियर के बारे में कोई ठोस योजना ना होना शामिल है।

इस अध्याय में हम बात करने वाले हैं, कैसे हम सफलतापूर्वक एक करियर चुने। जिसमें हम कामयाबी हासिल कर सकें। किन-किन बातो का ध्यान रखे। दूसरे, हमारे करियर का चुनाव करते वक़्त कैसे हमारे निर्णयों पर प्रभाव डालते है?

स्टीव जॉब्स जो एप्पल कंपनी के सी.ई.ओ थे। उन्होंने कहा था -

"यदि आप अपने सपनों का निर्माण नहीं करते हैं, तो कोई आपको उनके सपनों को पूरा करने में मदद करने के लिए काम पर रखेगा।"

अगर हम किसी बच्चे से पूछते हैं, बेटा/बेटी बड़े होकर क्या बनना चाहते हो? तो जवाब आता है डॉक्टर, इंजीनियर, लॉयर, पुलिस आदि। जब आप दोबारा पूछोगे की 'आप यह क्यों बनना चाहते हो या इनके बारे में कहां से जाना'? तो वह बोलेंगे 'माँ या पिता ने सिखाया' या अपने घर के किसी रिश्तेदार का नाम लेकर बोलेंगे कि वह इस काम को करते हैं, उन्हीं से जाना। आखिरकार बात यहां पर भी 'माइंड प्रोग्रामिंग' पर आ जाती है।

यहां पर आपके सपनों को *'प्रोग्राम'* कर दिया जाता है। शुरू-शुरू में तो सब अच्छा लगता है। लेकिन एक समय के बाद आप जो काम कर रहे हैं। उसमें आपका मन नहीं लगता क्योंकि असल में वह काम तो आपने अपने मन से चुना ही नहीं। बल्कि वह तो आपके आसपास के लोगों की सोच की उपज है। जो आपमें बचपन से *'फिट'* कर दिया गया था। जिसका आपको जरा भी अंदाजा नहीं।

जब तक आपको इसका अंदाजा होता है। तब तक समय बीत चुका होता है। आप के ऊपर बहुत सारी जिम्मेदारियां आ चुकी होती हैं। उसके बाद आप अपनाकरियर बदलने की नहीं सोच सकते। जिंदगी भर उसी काम को करने में लगे रहते हैं जिसे आप करना पसंद नहीं करते। नतीजा, अपने काम से आसंतुष्टि, चिड़चिड़ापन, निराशा, हताशा, बेचैनी जैसी समस्याओं का आपको सामना करना पड़ता है। जो आपके व्यक्तित्व को बदल के रख देता है। जब लोग आपसे लंबे समय बाद मिलते हैं (10-20 साल के अंतराल के बाद) तब लोग कहते हैं 'तुम कितने बदल गए हो तुम ऐसे तो नहीं थे'। तब आप उन्हें समझाना तो चाहते हो लेकिन आपका अंतर्मन, उन्हें कोई जवाबदेही नहीं करना चाहता। क्योंकि आप यह मान लेते हो कि वह नहीं समझेंगे।

दुनिया में सिर्फ डॉक्टर लॉयर आदि ही करियर नहीं है, बल्कि हजारों संभावनाएं हैं। जिसमें आप अपना करियर बना सकते हो। जरूरत है तो बस उसे ढूंढने की, तलाशने की। कौन सा काम आपको भाता है। अगर

कोई आपसे 15 साल पहले '*डिजिटल मार्केटिंग*' या '*डाटा साइंटिस्ट*' जैसे करियर विकल्पों के बारे में बताता तो लोग उस पर हंसते। 'इन सब का कोई *फ्यूचर* नहीं है' कहते। लेकिन आज 2022 में कई सारे लोग इस तरह के *ऑफ-बीट* करियर में अपना भविष्य बना रहे हैं।

अगर किसी कार्य में रुचि समय के साथ साथ घट रही है, तो वह कार्य आपके लिए नहीं है। आप भले ही उसमें शत प्रतिशत देने की आप कोशिश करें। फिर भी उस कार्य में सफल होने व कार्य को ठीक से करने की संभावना कम हो जाती है। यही कारण है कि कुछ लोग एक *करियर ऑप्शन* से दूसरे करियर *ऑप्शन में स्विच करते हैं।*

किसी भी क्षेत्र में एक सफलता पूर्वक करियर बनाने के लिए, उसमें खुशी-खुशी टिके रहने के लिए सबसे जरूरी की उस क्षेत्र में काम करने की आपकी 'रुचि'। कुछ बातें हैं जिनका ध्यान आपको करियर का चुनाव करते वक्त भी रखना है जो निम्नलिखित हैं:-

i) जिस भी क्षेत्र में आप जाना चाहते हैं। उस क्षेत्र में पहले से ही बहुत सारे लोग काम कर रहे होंगे। आपको उनमें से कुछ लोगों से बात करनी है। आपको यह जानना है की उस क्षेत्र में कितनी चुनौतियां है? क्या *रीवाइर्स* है? कितना मेहनत का कार्य है? *वर्क-लाइफ बैलेंस* कैसा है? अगर आपके आसपास कोई ऐसा नहीं जो उस क्षेत्र में काम कर रहा हो, तो आजकल इंटरनेट के जरिए लोगों से बात करना मुश्किल नहीं।

ii) अब कुछ पाने के लिए कुछ खोना पड़ता है। इसलिए आपको यह देखना है कि आपको उस क्षेत्र में जाने के लिए आपको क्या-क्या बलिदान देना होगा। क्या वह बलिदान या *कॉम्प्रोमाइजेज* आप कर पाएंगे या नहीं?

iii) क्या आप इस कार्य के लिए 'फिट' हैं, मतलब शारीरिक, मानसिक और शिक्षात्मक योग्यता मौजूद है?

iv) आखरी लेकिन महत्वपूर्ण सवाल, क्या आप सब कुछ जानने के बाद भी इस क्षेत्र में जाना चाहते हैं?

अगर यह चार चीजों के सवालों के जवाब आपको मिल चुके हैं। तो उसी अनुसार अपना करियर का चुनाव करें, अन्यथा लोग कितना भी आपको जाने के लिए '*फोर्स*' करें आप उसमें ना जाए। अगर फिर भी

आपका कोई अपना बहुत जबरदस्ती कर रहा हो कि आप इस क्षेत्र में या यह विकल्प चुने, तो उन्हें आपको समझाना चाहिए की 'मैं यह नहीं कर सकता और वजह है..' तो अगर आपको वह समझते हैं, तो आपकी बात उनको समझ आ जायेगा।

जब आपको अपने मुताबिक केरियर विकल्प मिल जाएगा। तब आप देखेंगे कि चाहे लोग कितना भी आलोचना करें ,आपको उसमें सफलता प्राप्त करने में कितना भी देर लगे। एक दिन, आप खुद को उस क्षेत्र में तरक्की करते हुए जरूर देखोगे।

अब मान लीजिए कि आपने अपने हिसाब से करियर विकल्प चुना। लेकिन कुछ समय बाद वह उबाऊ होने लगा। तो क्या आपको वो छोड़ देना चाहिए और दूसरे करियर विकल्प की तलाश करनी चाहिए?

ऐसे में आपको यह देखना है, क्या आपने इसे सच में दिल से चुना था? इसमें ऐसा क्या है, जो आपको उबा रहा है? क्या आप इसे अपने लिए रोचक बना सकते हैं? इस करियर को छोड़कर क्या आपके पास कोई और तगड़ा विकल्प है? जिसमें आपकी विशेषज्ञता उतनी ही है जितनी इस विकल्प में है? अगर आप किसी दूसरे करियर में '*स्विच*' करने का सोच रहे हैं, तो उस *लेवल* की विशेषज्ञता हासिल करने के लिए आपको कितना समय, ऊर्जा और पैसा चाहिए होगा। जिस 'लेवल' पर आपकी विशेषज्ञता, वास्तविक करियर में है? उस विकल्प में ऐसा क्या है जो कुछ समय बाद, वह भी आपको उबाऊ नहीं लगेगा? इन सवालों के जवाब आप खुद से पूछिए अगर आपके जवाब नकारात्मक है, तो आपको इसी वास्तविक करियर में बने रहना चाहिए।

कभी-कभी ऐसा होता है कि एक चीज पर काम करते-करते आपका मस्तिष्क थक जाता है। उसे थोड़े दिन की छुट्टी चाहिए होती है। इसे हम '*बर्न आउट सिंड्रोम*' भी कहते हैं। इसलिए अगर आप कुछ समय ब्रेक ले और उसके बाद अपने काम पर वापस आए तो वही काम आपको फिर से उतना ही रोचक लगने लगेगा जितना शुरुआत में लगता था।

जिस क्षेत्र में आप काम कर रहे हैं। उस क्षेत्र के लोगों के संपर्क में रहना चाहिए ताकि उनसे भी आप को प्रेरणा मिलती रहे। आपने यह बहुतों को कहते सुना होगा कि सफल होने के लिए मेहनत लगती है। निसंदेह

लगती है, लेकिन मेहनत करने की ऊर्जा तभी आती है जब आप उस कार्य में रुचि रखते हो। कोई ऐसा जबरदस्त कारण होना चाहिए जो आपकी क्षमताओं को सीमाओं के पार धकेले और आपको 'कंफर्ट ज़ोन' से बाहर निकाले।

मैं अपनी यात्राओं के दौरान कई सैनिक बंधुओं से मिला। जो बॉर्डर पर ठंड में, गर्मी में, कंधे पर भारी 'बैटललोड' के साथ देश की सीमा पर तैनात रहते हैं। "देश की सेवा" भावना ही इस कार्य को करने में उनका हौसला बढ़ाता है। अन्यथा कोई साधारण व्यक्ति यह काम नहीं कर सकता। भले ही उसको इसके लिए लाखों रुपये क्यों ना दिए जाए।

आपका 'करियर' वह इमारत है जिसमें आपका भविष्य रहता है। इस इमारत को बनाने के लिए सबसे पहले 'जमीन' यानि 'रूचि' खोजनी पड़ेगी। फिर आता है 'जुनून',इसे आप अपने घर की नींव समझ लो। यह जुनून ही है, जो आपको आपके कंफर्टज़ोन को तोड़कर असंभव को संभव बनाने की ताकत देता है।

मैं बचपन में क्रिकेट की कोचिंग में जाता था। वहां कुछ राज्य स्तर के खिलाड़ी भी आते थे। वह सुबह 4:00 बजे उठकर, ग्राउंड आकर दौड़ लगाते। हमारा सेशन 6:00 बजे से शुरू होता था। उनको देखकर मैं यह समझ नहीं पाता था कि आखिर कैसे वह इतनी सुबह उठकर परिश्रम करते हैं। बाद में मुझे यह एहसास हुआ कि यह जुनून ही है जो उन्हें अपने आप को आगे बढ़ने के लिए सहयोग कर रहा है।

यह मेरा जुनून था कि मोटरसाइकिल से एक-एक दिन में 500-600 किलोमीटर की यात्राएं आसानी से किया करता था। अगले दिन फिर तैयार होकर सफर पर उसी ऊर्जा के साथ निकल पड़ता था।

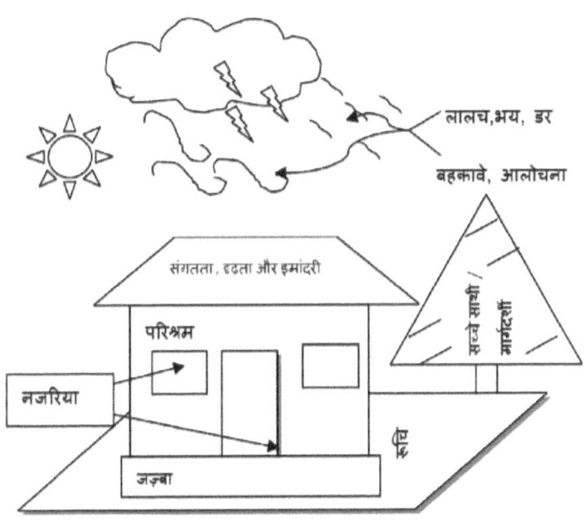

आपका घर रूपी करियर

दर्शाया गया चित्र थोड़ा बचकाना जरूर लग सकता है। लेकिन इसमें कई सारी बातें महत्वपूर्ण है। घर आपका करियर है जो 'रुचि' नामक जमीन पर बना है। इसकी नींव आपका जुनून है। इसके खिड़की दरवाजे आपका नजरिया, छत बना है आपके संगतता यानी *कंसिस्टेंसी*, दृढ़त यानी *पर्सीवरेंस* और इमानदारी से। घर के पास का पेड़ दर्शाता है, हमारे सच्चे मित्र व हमारा मार्गदर्शन करने वाले अध्यापक व गुरु को जो हमेशा हमारे साथ खड़े हैं। जैसे पेड़ पौधे हमें स्वच्छ हवा प्रदान करते हैं उसी तरीके से यह हमें ज्ञान वह सही रास्ता दिखाते हैं।

हमारे साथ ऐसा भी होता है कि हम अपने क्षेत्र में काम कर रहे हैं और कोई हमारा दोस्त किसी अलग क्षेत्र में काम कर रहा है। उसकी आय व वर्चस्व हमसे कई ज्यादा है, लेकिन उसकी शैक्षिक योग्यता हमारी ही जितनी है। इस तरह कभी-कभी हमें ऐसा लगता है कि जिस क्षेत्र में हम अपना काम कर रहे हैं। उसे छोड़कर अपने दोस्त के क्षेत्र में जाकर काम करें। कभी ईर्ष्या, निराशा भी होती है। तो यही है 'लालच', 'मन

के बहकावे' से हमें बचना है। चित्र में दर्शाए बारिश, कड़ी धूप, तेज़ हवा हमारे मुश्किलों को दर्शाते हैं। जो हमारे करियर पर हमेशा आक्रमण करते हैं। अगर आपके घर की नींव और बाकी हिस्से मजबूत होंगे तो वह सालों-साल मौसम की मार झेल सकता है।

आजकल के जमाने में बड़े-बड़े घर आसानी से बड़ी-बड़ी मशीनों द्वारा रातों-रात बना दिया जाता है। ठीक उसी तरह जैसे पैसे देकर आप किसी भी करियर विकल्प में जा सकते हैं। किसी भी *प्रोफेशनल* से ज्ञान लेते हैं। यह बात आपको ध्यान में रखना है कि प्रोफेशनल जिसे हम *कोचिंग* भी कहते हैं। यह आपको 'घर' या कहें करियर बनाने के रास्ते व निर्देश दे सकते हैं, लेकिन इसमें ईंटें आप ही को जोड़नी है। आपको यह भी सुनिश्चित करना है कि जो ईंटें आप जोड़ रहे हैं, वह सही ढंग से जुड़े व बुनियाद मजबूत हो।

युवराज सिंह जो क्रिकेट की दुनिया में एक जाना-माना नाम है। उन्होंने खुद से क्रिकेट को नहीं चुना था। उन्हें तो '*स्केटिंग*' पसंद थी। लेकिन अपने पिता के कहने की वजह से उन्होंने *स्केटिंग* छोड़ क्रिकेट पर ध्यान दिया। आगे चलकर अपने पिता का नाम रोशन किया।

मैं अगर अपने करियर की बात करू तो मैंने *मैकेनिकल इंजीनियरिंग* की पढ़ाई की है। लेकिन मुझे उस विषय में रुचि बिल्कुल भी नहीं थी। मेरे बड़े भाई हमेशा चाहते थे, कि मैं इंजीनियर बनु। इंजीनियर बनना उनका सपना था जो व खुद बन नहीं सके। उस वक्त मेरा कोई करियर *प्लान* नहीं था। तो मैं उसी रास्ते पर चल पड़ा जो मेरे बड़े भाई ने मुझे दिखाया। लेकिन बाद में मुझे एहसास हुआ कि इसमें मेरी रुचि नहीं है। मेरी रुचि मीडिया, लेखन, कंप्यूटर में है। जब 'डिग्री' लेने की बात आई तो मैंने अपने बड़े भाई को कॉलेज भेजा क्योंकि यह उनका सपना था जो मैंने पूरा किया। इस बात पर मुझे बेहद गर्व है। जैसा कि मैंने इस अध्याय में कहा एक बहुत दमदार, जबरदस्त वजह होनी चाहिए अगर आप उस काम को करते हैं जो आपको पसंद नहीं लेकिन यही 'वजह' ही उसमें 'मजा' डाल देता है।

सीखने की कोई उम्र सीमा नहीं होती। जरूरी नहीं है अगर आप किसी 'फील्ड' में उतर गए हैं और अब वह फील्ड आपको पसंद नहीं तो आप

उसे बदल सकते। लेकिन जैसा कि मैंने कहा आपको कुछ सवाल अपने आपसे जरूर पूछना चाहिए जिसका जिक्र मैंने इस अध्याय में किया।

50 की उम्र में भी आकर लोग *कंप्यूटर प्रोग्रामिंग लैंग्वेज, पर्सनैलिटी डेवलपमेंट* इत्यादि सीख रहे हैं। इन्हें सीखने के लिए हमारे पास आज इंटरनेट है, जो इसे और भी सरल बना देता है। जिससे हम घर बैठे मुफ्त में या बहुत कम पैसों में विदेशी शिक्षकों से भी ज्ञान ले सकते हैं। तरह-तरह के शिक्षकों से एक ही विषय पर ज्ञान ले सकते हैं। कुछ लोग इंटरनेट का इस्तेमाल बस समय व्यतीत करने के लिए करते हैं और फिर अपने करियर, खुदको और दूसरों को कोसते रहते हैं।

कभी-कभी ऐसा भी देखने को मिलता है कि जो करियर आज एक *'हॉटचॉइस'* है। वह कुछ समय बाद इतना बेकार हो जाता है कि उस करियर क्षेत्र में रोजगार के कोई मौके नहीं रहते। अंत: में तो 'पैसा' भी मायने रखता है। अगर आपने ऐसे करियर का चुनाव किया जिसमें भविष्य में आपके रोजगार का अवसर ही ना बचे। तो उस करियर में समय व्यर्थ करने का कोई मतलब ही नहीं। यह अलग बात है कि अब उसमें आपकी रुचि है। लेकिन उसे प्राथमिकी केरियर क्षेत्र के हिसाब से आपको नहीं लेना चाहिए। जब तक कि आपके पास पुश्तैनी, ढेर सारी संपत्ति, पैसा ना हो। ताकि आप उसमें अपना समय और संघर्ष दे सके। इसलिए किसी भी करियर में कदम रखने से पहले आपको उस करियर को भविष्य से जोड़कर, विश्लेषण जरूर करना चाहिए।

कुछ ऐसे करियर विकल्प आज निष्क्रिय हो गए हैं। जिनमें आज गिने चुने विद्यार्थी नामांकन लेते हैं। जैसे-*मरीन इंजीनियरिंग, एयरोनॉटिकल इंजीनियरिंग, एनवायरमेंटल इंजीनियरिंग, बायोटेक्नोलॉजी, माइक्रोबायोलॉजी*इत्यादि जो एक समय में *'हॉटस्ट्रीम'* थे। ऐसा नहीं है कि, यह किसी काम के नहीं है लेकिन इसमें आज के समय में रोजगार के अवसर कम हो गए हैं। यह हो सकता है कि भविष्य में फिरसे इनकी *'डिमांड'* बड़े जिसके बारे में कोई नहीं जानता।

हमारे समय में भी इंजीनियरिंग करने की एक लहर उठी थी (असल में यह लहर तो पहले ही उठ गई थी हम लोगों ने तो पीछे से आखरी छोटे लहरों की सवारी की)। जिसमें सभी लोग अपने-अपने बच्चों को

इंजीनियरिंग की पढ़ाई करने के लिए विवश करते थे। देशभर में ढेर सारी निजी इंजीनियरिंग कॉलेजेस खुलती गईं और ढेर सारा पैसा इन कॉलेजस ने कमाया।

बाद में ऐसा हुआ कि इतने सारे इंजीनियर, हर साल आते गए की नौकरी मिलना मुश्किल हो गया। इंजीनियर्स की 'डिमांड' कम हो गई। इंजीनियरों की *सप्लाई* बढ़ गई। यही कारण है कि जिन्होंने इंजीनियरिंग की पढ़ाई की उनको दूसरे क्षेत्रों में भी अपनी किस्मत आजमाना पड़ा और पढ़ रहा है। जैसे सरकारी परीक्षाएं, बिजनेस, डिलीवरी इत्यादि।

नौकरियों में, इंजीनियर की शुरुआती तनख्वाह पहले जितनी हुआ करती थी। उससे अब बहुत कम होने लगी क्योंकि उसी काम को करने के लिए हजारों लोग उतनी ही ज्ञान वह योग्यता के साथ उपलब्ध है। अच्छी-अच्छी नौकरियां तो सरकारी व उच्च स्तर के निजी कॉलेज के विद्यार्थी ले गए।

इसके बाद एम.बी.ए की भी हवा बहुत जोरों की चली। जिसके पढ़ाई की संरचना उत्तरी अमेरिका की पढ़ाई पर आधारित है। आजकल निजी कॉलेजेस से *एमबीए* किए हुए छात्र-छात्राओं को बहुत ही कम वेतन में ज्यादा काम कराया जाता है। इंजीनियरिंग की तरह ही इस क्षेत्र में भी हजारों लोग उन कुछ *वैकेंसी* के लिए मौजूद है।

मौजूदा वक्त में जब मैं यह किताब लिख रहा हूं, 'इंडियन *आर्मी* में जाने का जोश युवाओं में देखने को मिल रहा है। इंटरनेट पर कई तरह के वीडियोस दिखाए जा रहे हैं। जिससे युवा प्रेरित हो। जगह-जगह पर आर्मी की *कोचिंग क्लास* चलाई जा रही है ताकि विद्यार्थी आर्मी की परीक्षा में सफल हो सके। यह एक अच्छा संकेत है। लेकिन आर्मी में भी भर्तियां सीमित संख्या में होती है। कई सारे युवा लगातार कोशिश करने के बाद भी सफल नहीं हो पाते और निराश हो जाते हैं। इस क्षेत्र में भी अब प्रतियोगिता पहले से बहुत कड़ी हो चुकी है क्योंकि युवाओं में एक से बढ़कर एक बलवान और बुद्धिमान युवा निकल कर आ रहे। यह जज़्बा हमेशा के लिए ही बना रहा तो हमारे देश के लिए बहुत अच्छी बात होगी।

इस तरह के हवा में वह लोग आगे निकल जाते हैं जो पहले इसमें कूदते है। मतलब अगर इस साल से ही इंजीनियरिंग पढ़ने की हवा चालू

हुई तो इस साल या इसके दूसरे साल में जो लोग इंजीनियरिंग में अपना नामांकन कराएंगे। उन लोगों को नौकरी मिलने की संभावना ज्यादा होगी। क्योंकि बाजार में 'डिमांड' बड़ी हुई होती है। जैसे-जैसे समय बीतता जाएगा 'डिमांड' कम होती जाएगी लेकिन लोगों में उत्साह उतना ही बना रहा, तो जो नए-नए विद्यार्थी होंगे उनके लिए नौकरियां मिलना मुश्किल हो जाएगा।

"जब आप देखें कि आपके आसपास के कई सारे लोग एक ही कार्य क्षेत्र में भविष्य बनाने का सोच रहे हैं तो समझ लीजिए कि उस क्षेत्र में प्रतिस्पर्धा अधिक होने वाली है और लोगों की मांग/ भर्तियां कम।"

हमे अपनी हदो का पता खुद होता है की हम कितने पानी में है। अगर कोई मुझे आकर कहे की पहली बार में *माउंटएवरेस्ट* पर सफलता पूर्वक चढ़ने पर मुझे जीवन भर राशन मुफ्त मिलेगा। तो एक पल के लिए मैं खुश हो जाऊंगा लेकिन मुझे पता है की मैं यह नहीं कर सकता। *माउंटएवरेस्ट* पर चढ़ना कोई आसान बात नहीं। इसके लिए सालों की मेहनत और इससे छोटे पहाड़ों पर चढ़ने का अनुभव आपके पास होना चाहिए। जिसको हासिल करने में सालों लग जाते हैं। लेकिन हां, अगर यह बात होती *खारदुंगला, उमलिंगला जैसे हाई माउंटेन पासेस* पर बाइक से जाने की, तो इसके लिए मेरा अनुभव पहले से है क्योंकि मैं समुद्र तल से 17,800 फीट पर स्थित गुरुडोंगमार्ग झील (सिक्किम) तक बाइक से जा चुका हूं।

इसलिए कभी-कभी आपको वास्तविकता का भी ज्ञात कर इसे स्वीकार कर लेना चाहिए। इसमें कोई शर्म की बात नहीं अक्सर हम वास्तविकता को स्वीकार नहीं करते और ख्याली पुलाव पका लेते हैं। जिस वजह से, बाद में हम अपने लक्ष्य को हासिल करने से चूक जाते हैं और निराशा हाथ लगती है। अगर मैं 200 मीटर रेंज वाली बन्दूक से 500 मीटर दूर रखे लक्षय पर निशाना लगाऊ तो आप ही बताए कितने प्रतिशत मौके होंगे जिससे मेरा निशाना सटीक लगेगा।

ईमानदारी से आप इसपर खुद सोचे और किसी भी क्षेत्र में आप तभी कूदे जब आपको लगता है कि आपकी तैयारी सर्वश्रेष्ठ हो सकती है। आप में वह जज्बा, वह काबिलियत है, जिससे आप सबको कड़ी टक्कर दे सकते है। अन्यथा आप अपना समय, मेहनत और आपके माँ-बाप का पैसे ही बर्वाद कर निराश हो कर बैठ जाएंगे। मेरी बातें आपको थोड़ी नकारात्मक लग सकती हैं, लेकिन यह वास्तविकता है जो अक्सर हम स्वीकार करना नहीं चाहते। किसी ज़िद में आकर कार्य करने लगते हैं, जिसमें बाद हम सफल नहीं होते है।

<u>संक्षेप</u>

- एक सफलतापूर्वक करियर बनाने के लिए पहली चीज जो आपको ढूंढनी है, वह है रूचि। किसी भी करियर में पैर रखने से पहले भी कई सारे सवालों के जवाब ढूंढें, जो इस अध्याय में मैंने बताएं। जिससे आपको बाद में कोई भ्रम ना हो।

- जिसमें आपकी रुचि नहीं, अगर उस क्षेत्र में आप कदम रख चुके हैं। तो ऐसा नहीं है कि जिसमें आपकी रुचि है, वह काम आप नहीं कर सकते वह काम आप अपनी दिनचर्या से समय निकालकर या जब भी आपको खाली समय मिले *पार्ट-टाइम* कर सकते हैं।

- दुनिया में करियर बनाने के लिए हजारों विकल्प है। जरूरत है तो बस उनको ढूंढने की, जब तक कि आपको उनमें से कुछ रोचक ना लगने लगे। जिसमें आप अपना भविष्य बना सकें।

- अगर आपको अपना काम *बोरिंग* लगने लगे, मन ना लगे, तो अपने आप से सवाल पूछे।

- आपका करियर वह इमारत है जिसमें आपका भविष्य रहता है। इसलिए इसकी नीव मजबूत होनी चाहिए यानी कि आप में जुनून भरपूर होनी चाहिए। तभी आप उस क्षेत्र में टिके रह सकते हैं।

- आप अगर कुछ हटकर आज काम कर रहे हैं तो हो सकता है लोग आपका मजाक उड़ाए, लेकिन एक समय के बाद उस छेत्र में संभावनाएं बनेंगे, जब आप सफल हो जाएंगे तो वही लोग आपकी सराहना करेंगे।

- जिस तरह समय के साथ-साथ इंसान का मन बदलता है। उस तरह हमारे आसपास का व्यवसायिक जरूरत वह तौर तरीके बदलते रहते हैं। इसलिए जरूरी नहीं जो *'कोर्स'* आज आप कर रहे हैं, वह आज से 5 साल बाद काम आए या उस धारा में नौकरी के विकल्प मिले। इसीलिए किसी भी कोर्स की पढ़ाई करने से पहले उसके भविष्य का जरूर सोचे।

- ज़िद में आकर, अपने करियर बनाने से संबंधित कोई भी निर्णय ना ले। ईमानदारी से यह सोचे कि आपमें कितना दाम है और आप

कितना दम-खम लगाने के लिए तैयार है।

- किसी भी क्षेत्र में आप तभी कूदे जब आपको लगता है कि आपकी तैयारी सर्वश्रेष्ठ हो सकती है। आप में वह जज्बा, वह काबिलियत है, जिससे आप सबको कड़ी टक्कर दे सकते है।

4

पैसों और जाल का खेल

एक दिन आप घर से बाहर निकलिए। अपने फोन, पर्स, गाड़ी, घड़ी या किसी कीमती सामान के बिना के बिना। अपने घर से कुछ किलोमीटर चलिए। मान लीजिए उस वक्त अगर आपको भूख लगता है, तो अपने आसपास देखिए। कैसे आप अपनी मनपसंद चीज खाएंगे जो सड़क के किनारे आपके आँखों के सामने ही बिक रही है। कैसे आप उस ऑटो में बैठ सकते है, जो आपको वापस घर तक छोड़ दें। लग रहा है ना कठिन? कोई मित्र नहीं जो आपको पैसे दें। कोई आसपास जान पहचान का नहीं जिससे आप पैसे मांग सके। ऐसे में लग रहा होगा कि अगर ₹50 भी मिल जाए तो जिंदगी रंगीन है। कम से कम सड़क के किनारे ₹25 वाली नूडल खा कर थोड़ी ऊर्जा पा लूं और ₹25 में कुछ दूर ऑटो से चला जाऊं।

मुझे पैसों मोल तब पता चला, जब मैं एक दुकान पर दूध लेने गया। दूध के उस पैकेट की कीमत ₹51 थी और मेरे पास उस वक्त ₹50

थे। मैंने दुकानदार से कहा कि 'एक रुपए बाद में दे दूंगा'। लेकिन वह दुकानदार नहीं माना और बोला कि 'पहले एक रुपए ले कर आइए और सामान ले जाइए, पैसे पूरे ही देने पड़ेंगे'। मुझे उस दुकानदार पर तो बेहद गुस्सा आया और मैंने यह प्रण किया कि उस दुकान में फिर कभी नहीं जाऊंगा। लेकिन बाद में मैंने सोचा कि उस दुकानदार ने मुझे बहुत बड़ा सबक दिया है।

दुनिया आपसे जरूरत पड़ने पर ₹100 निकलवा लेगी। लेकिन आपकी जरूरत पड़ने पर कोई ₹1 छोड़ने को तैयार नहीं होता है। आपमें से भी कुछ ऐसे लोग होंगे, जिसको ₹1 दान कर देने से कोई फर्क नहीं पड़ेगा। लेकिन अगली बार जब आप ₹1 किसी को दे तो यह जरूर सोचे की क्या जरूरत पड़ने पर यह ₹1 मुझे कही से वापस मिलेगा?

हमारे देश में *'फाइनेंशियल लिटरेसी'* यानी वित्तीय साक्षरताकी बेहद कमी है और जो *फाइनेंसियललिटरेट* है, वह अच्छी-खासी आमदनी के स्रोत बना लेते हैं। वित्तीय साक्षरता की कमी के कारण ही बहुत सारे लोग वित्तीय मामलों में झांसे में भी आ जाते हैं और अपना धन गवा देते है। उनको उस विषय में पर्याप्त जानकारी नहीं होती। इस अध्याय में हम बात करने वाले हैं 'पैसों' की जो हमारे जीवन में एक बहुत बड़ी भूमिका निभाता है।

पैसा बनाना और गवाना एक ही सिक्के के दो पहलू है। पैसा कहता है "आज तुम मुझे बचाओ, कल मैं तुम्हें बचाऊंगा"।

इस चमक भरी दुनिया में पैसा बचा कर रखना बेहद मुश्किल हो गया है। टीवी और इंटरनेट पर आते विज्ञापन हमारे मन एक ऐसा बीज (जिसे हम 'इच्छा' भी कह सकते हैं) बोह देता है। जो समय के साथ-साथ बढ़ता जाता है। आखिरकार एक समय के बाद हम उस चीज को खरीदी ही लेते हैं।

'ग्लोबलाइजेशन' या कहें वैश्वीकरण होने के बाद व्यापार में तेजी से बढ़त आई है। आप जिधर भी देखें उधर, कोई कुछ ना कुछ बेच रहा है। अपने सामान को खरीदने के लिए लोगों को उकसाया जा रहा हैं। भले व जरूरत का सामान ना हो लेकिन ऐसे पेश किया जा रहा है की इसके बिना हमारा जीवन अधूरा है। एक ही विज्ञापन को बार-बार चलाया जा

रहा है। जिससे हमारे मन में यह धारणा, यह विश्वास बैठ जाए कि हमें इस चीज की जरूरत है। अंत में कैसे भी करके हम उसे खरीद लेते हैं।

अगर हम उस चीज को अब भी नहीं खरीदते, तो विज्ञापन के जरिए हमारे आत्मसम्मान को ठेस पहुंचाई जाती है। ऐसा दिखाया जाता है कि अगर हम इस चीज को नहीं खरीदते तो समाज में हमारा सम्मान कम हो जाएगा। इसलिए आपने अक्सर देखा होगा, किसी-किसी विज्ञापन में 'किरदार' की बेज्जती की जाती है। फिर उसे बताया जाता है कि यह फलाना सामान इस्तेमाल करें और बेइज्जत होने से बचे। इससे हमें अपमानित और शर्मिंदा नहीं होना पड़ेगा।

उदाहरण के तौर पर एक ऐसा *टूथपेस्ट* जिसका इस्तेमाल करने से घंटो तक मुंह से दुर्गंध नहीं आएगा और आपको प्रिय जनों के सामने शर्मिंदगी नहीं होगी। एक ऐसा *'क्रीम'* जिसे चेहरे पर मलने पर आप आत्मविश्वास से भरा और सुंदर देखेंगे। एक ऐसी घड़ी जिसे पहनने पर आप नौजवान लगेंगे और लोग आपके बुढ़ापे का मजाक नहीं उड़ाएंगे। एक ऐसी कार जिसे चलाने पर समाज में आपका मान-सम्मान बढ़ेगा। ना जाने ऐसी क्या-क्या चीजें दिन भर आपको दिखाई जाती है। आपको बेवकूफ बनाकर बेचा जाती है। आपके भावनाओं का फायदा उठाया जाता है।

इनमें बड़े-बड़े फिल्म स्टार और आज के जमाने में *'सोशल मीडिया इनफ्लुएंसर'* का भी बहुत बड़ा हाथ होता है। जिन पर आप आँखे बंद कर भरोसा करते हैं। मैं खुद एक सोशल मीडिया इनफ्लुएंसर रहा हूं। मुझे भी कई कंपनी के ऑफर आते थे। लेकिन मैंने अपने दर्शकों को वही *प्रोडक्ट* के बारे में बताया जो असल में वह प्रोडक्ट की गुणवत्ता है। ना कि बढ़ा चढ़ाकर।

गलती उनकी भी नहीं है क्योंकि पैसा तो सबको कमाना है। कभी-कभी पैसे कमाने के लिए लोग *इलीगल* या अपराधिक काम छोड़ सब काम करने के लिए तैयार हो जाते हैं। कुछ तो इनको भी कर जाते हैं। अब क्या है, कि हम इन्हें रोक नहीं सकते क्योंकि इस तरह के विज्ञापन/प्रचार को फैलाने के लिए लाखों, करोड़ों रुपए खर्च होते हैं। इसलिए हम इन्हें अपने आसपास होने से रोक तो नहीं सकते। इसलिए

हमें खुद जागरूक होना पड़ेगा। हमें इनके बिछाए बीजों को अपने मन से निकालना पड़ेगा। हमें यह विचार करना होगा कि हमारे लिए सबसे प्रथम मायने क्या रखता है। जिसमें हम अपनी मेहनत की खून-पसीने की कमाई खर्च करें।

2020 में जब कोरोना महामारी की वजह से लॉकडाउन हुआ। तब लोगों को यह एहसास हुआ कि हमें जीवन में क्या चाहिए। जिसके बिना हम नहीं रह सकते और क्या चीजें ऐसी हैं जिनके बिना भी हम अपना जीवन बिता सकते हैं। खाना, पीना, सोना, थोड़ा मनोरंजन(फिल्म, संगीत), अपनों के साथ समय बिताना, खुद घर की सफाई करना, बागवानी, खाना पकाना इत्यादि। कुछ ऐसे काम जो हम दूसरों के भरोसे छोड़ दिया करते थे। लोगों ने तो खुद से ही अपने सर के बाल काटना भी सीख लिया। मैं भी अपना हेयरकट खुद करता था। जो नाई के बिना कभी असंभव लगता था। तो इससे हमें पता चलता है किहमारी जरूरत उतनी नहीं है, जितना हमें बताया या दिखाया जाता है। हम इन प्रोडक्ट्स और 'ख्याली पुलाव' के बिना भी अच्छी तरह जीवन व्यतीत कर सकते हैं।

आपको एक वित्तीय 'जाल' के बारे में बताता हूं जो आजकल धड़ल्ले से बड़ी-बड़ी कंपनी द्वारा उपयोग किया जा रहा है। जिसमें आम इंसान अधिकतर वक्त फसते। इस जाल में अधिकतर 'मध्यम वर्ग' के लोग ही फ़साये जाते हैं, क्योंकि जो रोज कमाने खाने वाले हैं। उनके पास पर्याप्त *'क्रेडिट स्कोर'* नहीं होता। *डाक्यूमेंट्स* नहीं होते। वह मध्यम वर्ग की तरह 'ख्याली पुलाव' नहीं पकाते बल्कि वास्तविक परिस्थितियों पर जीते हैं।

तो यह जाल का खेल कुछ ऐसा है कि अगर आपके पास पर्याप्त पैसे नहीं है, किसी चीज को खरीदने के लिए तो कुछ कंपनियां छोटे छोटे बैंक व गैर-बैंकिंग संस्था (जिसे हम एन.बी.एफ.सी भी कहते हैं) द्वारा सूक्ष्म-लोन (कर्ज) की व्यवस्था कर देती है। जिसे आपको किस्तों में चुकाना पड़ता है। इसमें जो विक्रेता है, उसे बैंक द्वारा पूरा पैसा मिल जाता है। लेकिन क्रेता जो विज्ञापन वह तरह-तरह के छूट, तोहफे इत्यादि के लालच में सामान खरीद बैठता है, फंस जाता है।

अपनी आय अनुसार अगर वह किस्तों का भुगतान नहीं कर पाता है। उन पर किस्तों को ना भरने का अलग से *चार्ज* लगाया जाता है। उनको जोड़ कर ब्याज लिया जाता है। ना चुकाने पर समय के साथ-साथ यह रकम बढ़ता ही जाता है। जो सामान अपने ₹10,000 में लिया था। उसके लिए आपको ₹14,000 देना पड़ जाता है। जब तक सारी किश्ते चुका दी जाती है, तब तक उस सामान का '*मार्केट वैल्यू*' या कहे '*रेसले वैल्यू*' बेहद कम हो जाता है। जिससे उसे दुबारा बेचने पर भी आपको नुकसान उठाना पड़ता है।

अक्सर हम मध्य वर्ग के लोगों के साथ ऐसा होता है, हम सोच तो लेते हैं कि इस तरीके से अपनी किस्ते भरनी है। लेकिन घर में अचानक से कुछ खर्चा निकल आता है। जैसे किसी का बीमार होना, कोई शादी, पार्टी होना, अपने गाड़ी की कुछ खराबी निकल आना इत्यादि। हमारी आय तो सीमित है, लेकिन खर्चे बड़े हो जाते हैं। जिस वजह से हम वक्त पर अपनी किस्ते नहीं भर पाते। इस हाल में हम अपने जमा पूंजी यानी *सेविंग* को भी खर्च कर देते हैं। कहीं से कर्ज ले लेते हैं। यह सोच कर कि 'अगले महीने चुका ही दूंगा'। लेकिन फिर अगले महीने भी कुछ अलग खर्च निकल आता है। इस तरह से एक कर्ज को चुकाने के लिए हमें दूसरा कर्जा लेना पड़ता है। इसी में हमारा जीवन जटिल बनता जाता है। बैंक के *रिकवरी एजेंट* फोन पर हमें परेशान करते रहते हैं, ताकि हम जल्द से जल्द अपना किस्त भरे। जिससे हमारी मानसिक शांति चली जाती है। इस तरह के हालात को हम 'डेब्ट ट्रैप' यानी 'कर्ज का जाल' कहते हैं।

पश्चिमी देशों में 'डेब्ट ट्रैप' बेहद फैला हुआ है। वहां पर ऐसा है कि मान लीजिए, लोगों के पास एक टीवी है। बाजार में नए तरीके का टीवी आता है। जिसकी *पिक्चर क्वालिटी* थोड़ी बेहतर है। लोगों को इस तरीके से दर्शाया जाता है कि अब उनका पुराना टीवी किसी काम का नहीं अब उन्हें यह नया टीवी लेना चाहिए। लोगो के पास पैसे ना होने पर भी बैंक व एनबीएफसी पैसे *फाइनेंस* करते हैं। जिस जाल में वहां के लोग फंस जाते हैं और वो टीवी खरीद लेते हैं। जिसकी उन्हें जरूरत ही नहीं क्योंकि उनके वास्तविक टीवी से भी वही काम हो सकता है जो उनके नए टीवी से हो रहा है। टीवी देखने के अनुभव में बस थोड़ा सा 19-20 का अंतर

होगा, जिसके लिए लोग कर्जा ले लेते हैं। यही चीज हमारे देश में भी अब प्रचलित होने लगा है। पिछले अध्याय में मैंने एमबीए के बारे में बताया था। यही पढ़ के यहाँ के लोग भी पश्चिमी देशो की तर्ज़ पर सामान बेचने के तरीके और डेब्ट ट्रैप बनाने में अग्रसर है।

ऐसा नहीं है कि लोन लेना गलत है। लेकिन इसे *'स्मार्टली मैनेज'* करने की बहुत जरूरत है। इसके लिए लोन की किस्त आपके मासिक आय के 5 से 10% से ज्यादा नहीं होनी चाहिए। लोन खत्म होने पर ही दूसरा लोन लेना चाहिए। वह भी बहुत जरूरत पड़ने पर। अक्सर देखा गया है कि लोग दो-तीन लोग एक साथ ले लेते हैं। जिसमें घर, गाड़ी, कोई समान इत्यादि शामिल होता है। जिसमें उनके आय का 30 से 40% हिस्सा, किस्त भरने में चला जाता है। अब तक आपको समझ में आ गया होगा कि हमें अपना पैसा किन चीजों पर खर्च करना है। वह भी अपनी जरूरत के अनुसार।

अब मैं आपको बताने जा रहा हूं, कि अपनी आय को आप कैसे बढ़ा सकते हैं। मैंने एक कहावत बचपन में सुनी थी कि "पैसे से ही पैसा बनता है"। बड़े होकर समझ आया कि यह 'निवेश' के बारे में है।

> *"'खर्च' और 'निवेश' बिल्कुल उसी तरह है जैसे दो अलग-अलग दिशाएं। जो आप खर्च कर चुके होते हैं वह पैसा आपको वापस कभी नहीं मिलता। जो आप निवेश करते हैं वह एक समय के बाद बढ़कर आपको वापस मिलता है।"*

मान लीजिए अगर आप एक महंगी *स्मार्टफोन* खरीदते हैं और एक 5 ग्राम सोना खरीदते है। समय के साथ-साथ उस स्मार्ट फ़ोन की कीमत घट कर एक-चौथी भी नहीं रहेगी। लेकिन उस सोने की कीमत में आपको इज़ाफ़ा देखने को जरूर मिलेगा। फोन, कार, बाइक, कंप्यूटर इस तरह की चीज़ो को 'लायबिलिटी' कहते हैं। ऐसा नहीं है की हमे लायबिलिटीजपर खर्च नहीं करना है, लेकिन हमें अपनी आय भी साथ-साथ बढ़ानी है। *लायबिलिटी* पर कम और निवेश यानी 'इन्वेस्टमेंट' पर ज्यादा धयान देना होगा। जिससे भविष्य में अच्छा रिटर्न आए। अक्सर

लोग इसका उल्टा करते है, निवेश कम और फालतू के चीजों में पैसा खर्च कर देते है जिनकी उन्हें जरूरत ही नहीं।

घर, जमीन, दुकान, कंपनियों के *स्टॉक्स, म्यूच्यूअल फंड, फिक्स्ड डिपॉजिट* (जो सबसे सुरक्षित माना जाता है) से अपनी आय बढ़ा सकते हैं। यह तो कुछ विकल्प है जिनका इस्तेमाल आप तब कर सकते है, अगर आपके पास पैसे यानि 'पूंजी' हैं। तभी इनमे निवेश करके इनसे और ज्यादा पैसा बना सकते हैं। अगर आपके पास पर्याप्त पूंजी नहीं है, फिर भी आप अपनी आय को बढ़ा सकते हैं।

- मैंने आपको इस अध्याय के पहले ही कहा था, कि हर कोई कुछ ना कुछ बेच रहा है। तो आप भी क्यों पीछे रहें? आप भी कुछ बेच सकते हैं। जैसे किसी कंपनी का *इंश्योरेंस* (बीमा) जिसमें अच्छा *कमीशन* आपको मिलता है। कुछ *प्रोडक्ट्स* जिस पर आपका भरोसा है। आपको लगता है कि यह दूसरों की जरूरत को भी अच्छी तरीके से व कम पैसों में पूरा करता है।

- आप में कोई प्रतिभा है या किसी विषय में आपकी जानकारी अच्छी है। तो उसको आप दूसरों को *सिखा* कर, बदले में कुछ *फीस* *चार्ज* कर सकते हैं।

- आप कुछ ऐसा **सेवा दूसरों को प्रदान कर** सकते हैं। जिसमें आपकी अच्छी पकड़ है जैसे फोटोग्राफी, लेखन, पढ़ाना, वीडियो एडिटिंग, ग्राफिक डिजाइन इत्यादि इसके बदले में ठीक-ठाक पैसे चार्ज कर सकते है।

- आपमें अगर समाज सेवा भाव है। तो आप अपने आसपास के **बुजुर्ग लोगों की देखभाल कर सकते हैं।** बदले में उनसे उचित मूल्य प्राप्त कर सकते हैं। क्योंकि ऐसे कई सारे बुजुर्ग लोग आपको मिलेंगे जिनके बच्चे विदेशों में रहते हैं। उनका देखभाल वह नहीं कर सकते। ऐसे लोगों के पास पैसा तो है लेकिन उनका देखभाल करने के लिए लोगों की कमी है। बहुत ऐसे लोग हैं, जो इस तरह के सेवा के लिए ढेर सारे पैसे चार्ज करते हैं। मैं आपको यह नहीं कहता कि आप भी इनकी तरह ढेर सारा पैसा लो। अगर आपको लगता है कि वह पर्याप्त मूल्य

नहीं दे सकते तो भी आप अपने अनुसार कम मूल्य में उनकी सेवा समय निकालकर कर सकते हैं।

- आजकल तो घरों में पालतू कुत्तों को घुमाने के लिए भी लोग *फीसचार्ज* कर रहे हैं। अक्सर बड़े-बड़े घर में लोग शौक से कुत्ते पाल लेते हैं। लेकिन समय के अभाव में उनके साथ ज्यादा वक्त नहीं बिता पाते। इसलिए उनके देखभाल के लिए उनको घुमाने के लिए दूसरे लोगों की जरूरत पड़ती है। कई लोग यह काम *पार्टटाइम* कर रहे हैं। जिससे उनकी एक अलग आय का रास्ता बन रहा है। अगर आपको जानवरो से लगाओ है तो इस तरह का रास्ता भी आप निकल सकते है।

- ' हेल्थी होम मेड फ़ूड' भी आप लोगो तक खास कर के स्टूडेंट्स, ऑफिस जाने वालो को बेच कर अच्छा पैसा कमा सकते है।

आपको अपने अस-पास समस्या ढूंढ़नी है। जिसका समाधान आपके वश में है और अपनी बुद्धि का प्रयोग करते हुए उसमे आये के रस्ते तलाशने है।

बड़ी-बड़ी कंपनियां भी यही करती हैं। पहले वह किसी 'प्रोडक्ट' को बनाने से पहले बाजार में *मार्केट सर्वे* कराती हैं। जिससे पता चलता कि उस प्रोडक्ट की कितनी जरूरत या मांग है। उसी अनुसार उस प्रोडक्ट को बनाकर *लॉन्च* किया जाता है। आपको भी अपने स्तर पर ऐसा ही कुछ करना है।

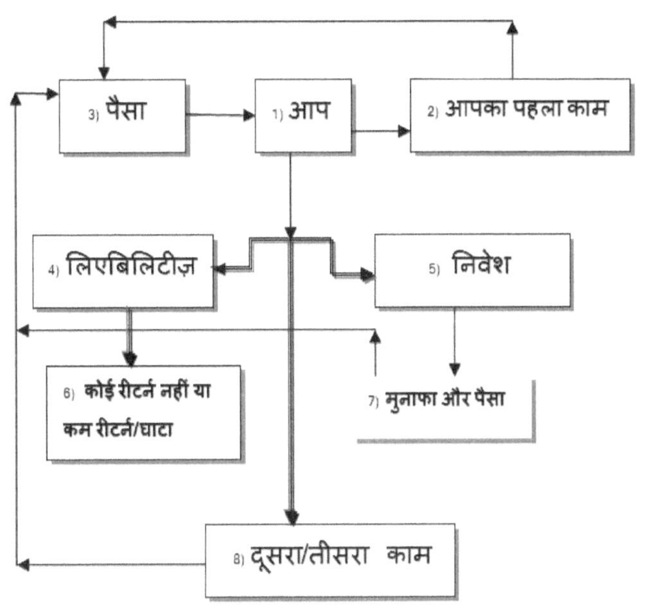

पैसा और उसका प्रवाह

प्रवाह तालिका (फ्लोचार्ट) में आप देख सकते हैं, किस तरीके से आपका पैसा और आप काम करते हैं। इनमें अगर दो चीजें हटा दी जाए जिसमें 'काम' और 'निवेश' हैं, तो आप तक दोबारा पैसा का पहुंचना नामुमकिन हो जाएगा। यह प्रवाह रुक जाएगा। इसलिए यह जरूरी है की आप तरह-तरह के काम और निवेश पर ध्यान दें। अक्सर लोग यह गलती करते हैं कि वह एक ही काम जीवन भर करते हैं और उसी पर निर्भर रहते हैं।

दूसरे या तीसरा काम करते वक़्त आपको आपके कंपनी द्वारा जिसमे आप अपना प्राथमिक काम कर रहे है उसमे 'मून लाइटिंग' करने की छूट है या नहीं इसका ध्यान रखना है। 'मून लाइटिंग' यानि एक से अधिक अन्य कंपनियों में भी अलग- अलग समय पर अपनी सेवाएं दे,

तो इसे मून लाइटिंग कहा जाता है। 'मून लाइटिंग' का कांसेप्ट पुराने समय से आया है। जब काम करते-करते अँधेरा हो जाती थी और तय समय सीमा के बाद भी लोग चाँद की रौशनी में काम करते थे। हाल ही में, कुछ बड़े कंपनियों में काम कर रहे कर्मचारी को इसी वजह से नौकरी गावनि पड़ी क्योंकी वे 'मून लाइटिंग' कर रहे थे या कहे अपने काम के बाद दूसरी किसी कंपनी के लिए काम कर रहे थे। जो कंपनी के नियमो के खिलाफ था। आपको भी इस चीज़ को ध्यान में रखना है, नहीं तो आपको अपनी नौकरी से हाथ धोना पड़ सकता है।

निवेश, एक या दो चीजों पर करते हैं। जैसे जमीन खरीद लिया, मकान बना लिया, उसके बाद जीवन भर कोई अलग निवेश नहीं करते। कभी ऐसा देखा जाता है, जिस जमीन पर अपने मकान बनाया। उस तरह की जमीन पर सरकार द्वारा कोई नया कानून लाने से उसकी कीमत कम हो गई। जो काम आप कर रहे हैं। हो सकता है कभी उस काम से आप को निकाल दिया जाए या आपको ऐसी परिस्थिति का सामना करना पड़े, जिसमें आपको इस्तीफा देना पड़े। तो आपको दूसरा काम खोजने में बेहद परेशानी होगी।

इसलिए यह जरूरी है कि हम अपने काम के साथ-साथ दूसरे कामों पर भी ध्यान दें, जो फ़िलहाल हम छोटे स्तर पर कर सके। भले ही उनमें थोड़ा ही समय दें। यह भी जरूरी है, हम अपने संपत्ति के साथ-साथ दूसरी छोटी-छोटी चीजों पर भी निवेश करें। जिससे हमारा सारा पैसा अलग-अलग जगहों पर सुरक्षित रहे। अगर कहीं पैसा डूब भी जाए तो हमें इस बात का तसल्ली होना चाहिए की हमारा 'सारा पैसा' नहीं डूबा, क्योंकि आपने तो अलग-अलग जगहों पर अपने पैसे निवेश किए या रखे हैं।

यह तो बात हो गई कि पैसे को बचाए या बनाएं कैसे। अब बात करते हैं कि पैसे को खर्च करें कैसे? ताकि हमारे ऊपर भविष्य में कोई विपत्ति आने पर, हम बहुत बड़े कर्ज में ना डूब जाए और हमारे इच्छाएं वलायबिलिटीज को भी बहुतज्यादा कम नाकरना पड़े।

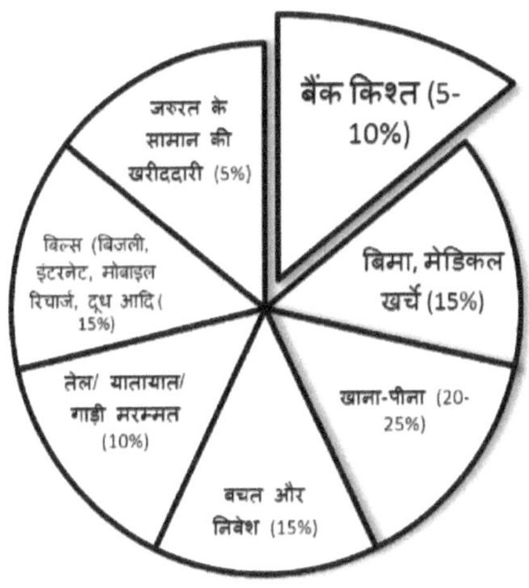

आपकी आये व उसके अनुसार खर्चे (हर महीने के हिसाब से)

जैसा कि आप 'पाई चार्ट' में देख सकते हैं। इस पूरे गोलाकार को अपनी मासिक आय समझ लीजिए। इसमें हुए बंटवारे को अपने खर्चे। आपको अपने खर्चे इसी के हिसाब से संयोजित करना है। अन्यथा आपको दूसरी चीजों के साथ कटौती करना पड़ेगा।

अगर आपने महंगी गाड़ी ले रखी है तो आपको यह ज्ञात होगा की महंगी गाड़ियों का मरम्मत का खर्चा और बीमा दोनों ही महंगे होते हैं। इसीलिए *लायबिलिटीज* को भी अपने आय अनुसार रखना होगा। अगर आपकी आय उतनी नहीं है, जिसमें आप उस गाड़ी की मरम्मत व बीमा का खर्चा ढंग से उठा सकते, तो आपको उससे थोड़ा कम खर्चे वाली गाड़ी लेनी चाहिए। जो आपके 'बजट' के हिसाब से सही हो और आपकी जेब में छेद ना करें।

अब तक हमने देख लिया कि अपनी आय का स्रोत कैसे बनाएं, अपने पैसों को किस तरह से निवेश करें व अपने मासिक आय को किस तरह से खर्च करें। अब आखरी लेकिन महत्वपूर्ण विषय यह है कि अपने 'पैसों

को कैसे ना गवाएं' किसी के द्वारा लूटने से बचाएं।

पैसों की जरूरत तो सबको है और इसे कमाने के लिए लोग तरह-तरह के रास्ते भी ढूंढते हैं। कुछ ऐसे लोग हैं जिनको पाप और पुण्य का कोई अंतर समझ नहीं आता। उनको लगता है कि दूसरों का पैसा छीन लेने में ही उनकी जीत है। पहले के जमाने में चोर, लूटेरा, डकैत इत्यादि नाम से इन्हे बुलाते थे। आजकल के जमाने में इनका स्वरूप बदल गया है। आज कोई सीधे आपके पास आकर आपसे पैसे नहीं लुटता, क्योंकि आजकल *सिक्योरिटी* भी बहुत बढ़ गई है। इस तरह के मामले होते भी हैं, तो उनमें अपराधी कुछ समय बाद पकड़ा ही जाता है। आजकल जगह-जगह पर *सीसीटीवी कैमरे, अलार्म* वगैरह लगाया जा चुका। लोकेशन ट्रैकिंग जैसे तकनीक मौजूद है।

आजकल चोर ऑनलाइन चोरी करते हैं। जिसके लिए वह आपको तरह-तरह के लुभावने वादे, प्रस्ताव ईमेल, इस.एम्.इस, सोशल मीडिया इत्यादि के सहारे भेजते रहते हैं। बैंक की जानकारी मांगते हैं और जब आप उन्हें सारी जानकारी दे देते हैं। तो पता चलता है कि आपके बैंक से इतने सारे पैसे गायब हो गए हैं। जो उनके द्वारा ही गायब किया जाता है।

बहुत सारे ऐसे लोग हैं, जो आपको या कहेंगे कि आप इस कंपनी में पैसे लगा दो और आपका पैसा कुछ ही दिनों में डबल हो जायेगा। आपको वह अपनी छवि ऐसी दिखाते हैं कि उनके पास अरबों रुपए हैं और उन्होंने अपने पैसे इसी तरह से बनाए हैं। ताकि आपको यकीन हो जाए कि आपका पैसा भी, यह इंसान ज्यादा बना देगा और आप निवेश कर बैठते हैं। तो ऐसे में अक्सर देखा गया है कि वह बंदा पैसे लेकर गायब हो जाता है या अपना *कमीशन* लेकर आपका पैसा डुबो देता है।

कई तरह के जाली कंपनी बनाकर या नामी कंपनी के नाम से 'लॉटरी' प्रतियोगिता, चिट फंड आदि के वादे करके भी लोगों से पैसे लिए जाते हैं। बाद में उन्हें पता चलता है कि यह कंपनी ने कभी इस तरह की लॉटरी का आयोजन किया ही नहीं था। या कंपनी ही नकली थी।

2012 में इस तरह के का 'फ्रॉड' *मेरे घर में भी हुआ था। मेरे बड़े भईया के फोन पर एक मैसेज आया कि एक कोल्ड ड्रिंक कंपनी द्वारा भईया को*

एक रकम की लॉटरी लगी। अपना नाम, पता , फोन नंबर इत्यादि भेजने को कहा। जब भईया ने पापा को यह बताया तो पापा ने कहा कि भेज दो जो मांग रहे हैं। यह तो बड़ी कंपनी है। अपनी जानकारी भेज दी बाद में उनका फोन आया और वह कहने लगे कि आपका पैसा लॉटरी के जरिए आपको दिया जा रहा है लेकिन पहले आपको 'इनकम टैक्स डिपार्टमेंट ' को 'टैक्स' भरना होगा। फिर उन्होंने कहा कि इतने पैसे आपको रिज़र्व बैंक ऑफ़ इंडिया (आर.बी.आई) को भरने होंगे। फिर उन्होंने कहा कि इतने पैसे आपको स्टेट गवर्नमेंट को देना होगा। इसी तरह उन्होंने कई किश्तों में सरकारी विभागों के नाम से हम लोगों से पैसे लिए और साथ-साथ उसकी रसीद जो कि नकली थी। हमें ई-मेल के जरिए भेजते गए। ताकि हमें यकीन बना रहे कि जो पैसा हमारा लिया जा रहा है, वह सही जगह पर जा रहा है। अंत में जब हमारे पिताजी के सेविंग के लगभग सारे पैसे खत्म हो गए। तो भईया ने कहा कि हमें लोकल आर.बी.आई के ब्रांच में जाना चाहिए। वहां जाकर पता लगा कि हमारे साथ 'साइबर फ्रॉड' हुआ है। हमारा सारा पैसा इन चोरों के द्वारा लिया जा चुका है।

इस तरह का *फ्रॉड/स्कैम* आज भी होता है। इसलिए हमें कुछ चीजों पर हमेशा ध्यान रखना चाहिए जो निम्नलिखित है:-

* कभी हमें अपना फोन नंबर, ईमेल आईडी या सोशल मीडिया आईडी ऐसी जगह में या ऐसे लोगों के साथ साझा नहीं करना चाहिए जिनको हम ठीक से जानते नहीं। कई जगह पर आपने देखा होगा कि आपका फोन नंबर, ईमेल आईडी वगैरा लिया जाता है। बाद में उन्हीं ईमेल आईडी फोन नंबर पर कई सारे ऑफर, प्रचार, कॉल्स इत्यादि आपको भेजा जाता है। फिर आपको पता नहीं लगता कि यह कहां से आ रहे हैं। मैंने तो इस कंपनी के साथ कभी ईमेल साझा ही नहीं किया। हम बचपन में एक *एक्स्ट्रा पेंसिल* रखा करते थे। जिसकी जरूरत हमसे ज्यादा हमारे दोस्तों को होती थी। हम उन्हें खुशी-खुशी दे दिया करते थे। उसी तरह कहीं पर अपना ईमेल, फोन नंबर देना ही पड़े तो एक 'एक्स्ट्रा' ईमेल और फोन नंबर रखें। जिसे आप किसी के साथ भी साझा कर सकते हैं। लेकिन उसमें आने वाले *मैसेज आप नहीं*

पढ़ते या उस फोन नंबर से आपका कोई भी सोशल मीडिया या बैंक अकाउंट लिंक नहीं है।

- चमक-दमक और दूसरे की बातों में आकर कोई भी निवेश ना करें। हर वक्त अपना पैसा कहीं भी लगाने से पहले 10 बार उस *स्कीम* के बारे में जानकारी हासिल कर ले। जरूरत पड़े तो किसी 'एक्सपर्ट' का सहारा भी ले सकते हैं। यह मत सोचिए कि कुछ पैसे व्यर्थ खर्च कर एक्सपर्ट कि राए लेंगे क्योंकि यह कुछ पैसे आपके बहुत सारे पैसों को डूबने से बचा सकता है।

- किसी भी मैसेज जिसमें यह कहा जा रहा है कि आपको इतने पैसों की लॉटरी लगी है या इतने पैसे आपको दिए जाएंगे या ऐसे कुछ लुभावने ऑफर अपना बैंक अकाउंट व पीन साझा करने पर तो ऐसे में आप इस तरह के मैसेजेस को '*साइबर क्राइम डिपार्टमेंट*' से जरूर साझा करें।

- डिजिटल पेमेंट करते वक्त भी बहुत सारी सावधानियों का आपको ध्यान रखना है। जैसे जिस 'क्यू आर कोड' को आप *स्कैन* कर रहे हैं। वह असली होना चाहिए और जिनको आप पैसे दे रहे हैं उनसे ही संबंधित होनी चाहिए। फाइनल *पेमेंट* करते वक्त आप उस दुकानदार या जिसे भी आप पैसे दे रहे हैं। उससे यह सुनिश्चित कर लें जो नाम आपके मोबाइल स्क्रीन पर आ रहा है वह उन्हीं से संबंधित है या नहीं। ऐसा भी देखा गया है कि आपने 'क्यू आर' स्कैन किया और आपके अकाउंट बैलेंस खाली हो गया क्योंकि वह '*क्यू आर*' हैकरों द्वारा लगाया गया था। किसी भी 'क्यू आर कोड' को स्कैन करने से पहले यह सुनिश्चित करना है की वह विश्वसनीय है।

- ऑनलाइन पेमेंट करते वक्त यह भी ध्यान रखना है कि ऐसे किसी वेबसाइट में ना जाएं जहां की *सिक्योरिटी* कमजोर है। या वह *वेबसाइट लिंक* आपके किसी ऐसे के द्वारा आपको भेजा गया है जिस पर आपको इतना भरोसा नहीं। ब्राउज़र पर जाकर जहां वेबसाइट का नाम दिया जाता है वहां एक ताले का चिन्ह हमेशा नजर में रख सकते हैं कि वह है या नहीं। अगर है तो आपका कनेक्शन *सिक्योर* है।

- किसी भी ऐसे *एप्लीकेशन* को कुछ पैसे पाने के लालच में अपने फ़ोन या कंप्यूटर पर *इनस्टॉल* ना करे जिसकी प्रामाणिकता का आपको कोई अंदाज़ा नहीं। यह हैकर्स व कुछ नकली कंपनियों द्वारा आपकी जानकारी प्राप्त करने का जाल हो सकता है। जिसमे आपकी निजी जानकारी भी शामिल है। जिसका आपको पता भी नहीं होता और यह जानकारी दूसरी कम्पनियों को बेच दी जाती है। जिससे वह कम्पनी अपने शोध और प्रोडक्टस के विकास में लगाती है।

हमने इस अध्याय में देखा कि कैसे अपने आय के स्रोत बनाएं, कहां फिजूल खर्ची करने से बचें, कैसे हम अपने आय को सही तरीके से खर्च करें, कैसे हम अपने पैसों को सुरक्षित रखें। अंत में मैं यही कहूंगा कि पैसा इंसान के जीवन में बहुत महत्वपूर्ण है, लेकिन पैसा कमाने में इतना भी डूब नहीं जाना है कि आप जीवन के बाकी चीजों पर ध्यान ना दे सके। उनका लुफ्त उठाने में चुक जाए क्योंकि जीवन तो सिर्फ एक है। पैसा तो आता जाता रहेगा। समय ही ऐसा एक चीज है जो एक बार बीत जाने पर फिर कभी नहीं आएगा। इसलिए यह भी जरूरी है कि अपने खाली वक्त में आप आनंद ले। आराम करें जो हमारे शरीर के लिए भी बेहद जरूरी है।

<u>संक्षेप</u>

- दुनिया आपसे जरूरत पड़ने पर ₹100 निकलवा लेगी। लेकिन आपकी जरूरत पड़ने पर कोई ₹1 छोड़ने को तैयार नहीं होता है।

- पैसा बनाना और गवाना एक ही सिक्के के दो पहलू है। पैसा कहता है "आज तुम मुझे बचाओ, कल मैं तुम्हें बचाऊंगा"।

- विज्ञापन हमारे मन एक ऐसा बीज (जिसे हम 'इच्छा' भी कह सकते हैं) बोह देता है। जो समय के साथ-साथ बढ़ता जाता है। आखिरकार एक समय के बाद हम उस चीज को खरीदी ही लेते हैं। जिसे हमें बचना चाहिए।

- हमारी जरूरत उतनी नहीं है, जितना हमें बताया या दिखाया जाता है। हम इन प्रोडक्ट्स और 'ख्याली पुलाव' के बिना भी अच्छी तरह जीवन व्यतीत कर सकते हैं।

- 'डेब्ट ट्रैप' यानी 'कर्जे का जाल' के खेल को समझ कर इससे बचना होगा।

- *लायबिलिटी* पर कम और निवेश यानी 'इन्वेस्टमेंट' पर ज्यादा ध्यान देना होगा। जिससे भविष्य में अच्छा रिटर्न आए।

- एक से अधिक आय के स्रोत बनाने पर ध्यान देना होगा। अस-पास समस्या ढूंढ़नी है। जिसका समाधान आपके वश में है और अपनी बुद्धि का प्रयोग करते हुए उसमे आये के रस्ते तलाशने है।

- आपको 'मून लाइटिंग' को ध्यान में रखना है नहीं तो आपको अपनी नौकरी से हाथ धोना पड़ सकता है।

- अपने पैसों को हैकर्स, स्कैमर्स, फ्रॉड कम्पनियों से बचा के रखना है।

5

प्यार, आकर्षण और विकर्षण

एक समय था जब टेस्ट क्रिकेट मैच लोग 5 दिनों तक हर रोज सुबह से शाम तक टीवी के सामने देखा करते थे। दफ्तर जाने वाले, दफ्तर के पास वाली चाय की टापरी में जाकर मैच का जायज़ा लिया करते थे। धीरे-धीरे लोग एक दिवसीय मैच पसंद करने लगे। इसमें 'ओवर्स' की सीमा रखी गई, जबकि टेस्ट मैच में ओवर्स या गेंदबाज़ी की कोई सीमा नहीं हुआ करती थी। समय के साथ-साथ इसे और छोटा कर दिया गया क्योंकि बदलते वक्त के साथ लोगों का जीवन भी तेज होने लगा। अब लोगों के पास दिनभर टीवी देखने का समय नहीं है। उनको और भी काम करने हैं। इसलिए लोगों में 20-20 क्रिकेट की रूचि बढ़ गई। इस तरीके का मैच 5 से 7 घंटे में ही खत्म हो जाता है।

देखा जाए तो आजकल के रिश्ते पति-पत्नी, गर्लफ्रेंड-बॉयफ्रेंड इसी तरह फास्टट्रेक हो गया है। एक समय था, जब लोग एक दूसरे का जीवन

भर साथ निभाते थे। अपनी ख़ुशियों को कुर्बान कर देते थे। एक दूसरे के हिसाब से कार्य करते थे, ताकि एक संतुलन बना रहे। अब जमाना बदल गया है। अब छोटी-छोटी बातों में लोग पहले अपना स्वार्थ देखते हैं। झगड़ा होने पर 'डिवोर्स' यानि तलाक, झूठे केस में फंसा देते हैं। गर्लफ्रेंड-बॉयफ्रेंड वाला जो *'सिस्टम'* है। इसमें तो *'ब्रेकअप'* बोल के ही निकल लेते हैं। आजकल के रिश्ते इस तरह हो चुके हैं जैसे 20-20 क्रिकेट में 10 ओवर्स में ही पूरी टीम ऑल आउट हो जाती है। जो टेस्ट मैच के दौर में 100 ओवर्स या उससे भी ज्यादा तक टिका करती थी।

आखिरकार हमें *'रिलेशनशिप'*, प्यार-व्यार, शादी के चक्कर में पड़ने की क्या जरुरत है? क्या इतना काफ़ी नहीं कि हमारे माँ-बाप जिन्होंने हमको जन्म दिया, हमसे प्यार करते हैं। हमारे भाई-बहन हमसे प्यार करते हैं। हमारा पालतू पशु जो हमारे घर में हैं, वह भी हमसे प्यार करता है। तो इतने सारे प्यार के अलावा भी हमें ऐसे व्यक्ति, जिससे हम बचपन से जानते ही नहीं। जिनका हमारे जीवन से कोई ताल्लुक नहीं, उनको पाने के लिए इतना उत्सुक क्यों रहते हैं? आखिर क्यों हमें प्यार में धोखा, फरेब, बेवफाई का सामना करना पड़ता है? जिससे हमारा मानसिक संतुलन प्रभावित होता है।

लाखों वर्षों के उत्क्रांति (एवोलुशन) के बाद, हम मनुष्य को प्रकृति ने ऐसा बनाया है कि हमारे जीवन चक्र में एक समय के बाद शारीरिक बदलाव आते हैं। जब बच्चा बड़ा हो रहा होता उसे हम 'किशोरावस्था' कहते हैं। जिस वक़्त ये शारीरिक बदलाव सबसे तेजी से हो रहे होते है। कई सारे ग्रंथिरस (हार्मोन) हमारे शरीर में स्रावित होने लगते हैं। जिससे हमारे शरीर के विकास, स्वभाव, मानसिक स्थिति, प्रजनन छमता इत्यादि को नियंत्रित करता है। इनमें से कुछ हार्मोन हैं, *ऑक्सीटॉसिन, डोपामिन, नोरएपिनेफ्रीन,* एस्ट्रोजन (अधिकतर महिलाओं में), *टेस्टोस्टेरॉन* (अधिकतर पुरुषों में) जो हमें ख़ुशी, ऊर्जा, ताकत देता है। साथ ही विपरीत लिंग की ओर ना सिर्फ आकर्षित करते हैं, बल्कि हमें प्रजनन के लिए उत्साहित करते हैं। इनको हम चाहे भी तो रोक नहीं सकते क्योंकि या प्रकृति ने ही हमें दिया है। ताकि हम अपनी आबादी बढ़ाएं और विकसित होते रहे।

कुछ साधु-संत लोग योग व तपस्या के जरिए इन हार्मोन पर तो नहीं लेकिन अपने आप पर काबू पा लेते हैं। जिन्हें किसी की जरूरत नहीं होती। ना ही वह किसी से आकर्षित होते हैं।

'मिहाइलो तोलोतोस' नामक एक व्यक्ति 'ग्रीस' के माउंट *एथॉस मॉनेस्ट्री* में रहते थे। उन्होंने अपने 82 वर्ष की पूरी जिंदगी में कभी कोई महिला से नहीं मिले। हमारे संस्कृति में भी आपको कई सारे मिसाले मिल जाएंगे जिन्होंने अपना जीवन परमात्मा की सेवा में ही बिता दिया। ना कभी विवाह किया ना कोई प्रेम-प्रसंग रखा। खैर, हम बात असाधारण लोगों की नहीं बल्कि हमारी आपकी करेंगे। पिछले अध्याय में मैंने **'माइंडप्रोग्रामिंग'** के बारे में बताया, कैसे दूसरे हमारे निर्णयों व हमारे मस्तिष्क को अपने अनुसार चला रहे है। ठीक उसी तरह यह 'हॉर्मोन्स' भी चुपके से हमारे ज़हन को 'प्रोग्राम' करता है। ताकि हम एक समय के बाद अपने लिए साथी ढूंढ सके।

यही कारण है कि हमें 'प्यार' की तलाश होती है। उस व्यक्ति से जिसके साथ हम अपना जीवन बिताना चाहते हैं। इन्हीं हॉर्मोन्स के खेल में हम फंस जाते हैं। कभी-कभी गलत साथी का चुनाव भी कर लेते हैं। अपने घर वालों य समाज के खिलाफ भी चले जाते हैं। कई बार हमे पछताना भी पड़ता है, कि जिस पर इतना भरोसा किया वह एक बुरा इंसान निकला। आपने अगर 'दोस्त' वाला अध्याय पढ़ा और याद है तो उसमे मैंने बताया था, की आपको सही मित्र का चयन करने के लिए कुछ मापदंड बनाने होंगे। सच्चे और अच्छे जीवनसाथी का चुनाव करने के लिए भी उसी तरह कुछ मापदंड बनाने होंगी जिसके बारे में हम इस अध्याय में देखेंगे।

पिछले अध्याय में मैंने बताया कि हर कोई कुछ ना कुछ बेच रहा है। प्यार को भी कुछ लोगो ने बिज़नेस बना लिया है। कई कंपनियां ऐसी है जो इस 'प्यार 'का भी धंधा कर रही है। आपको इंटरनेट पर कई सारे *डेटिंगएप्स* मिल जाएंगे। कई सारे वेबसाइट मिल जाएंगे जो आपकी शादी करने का वादा करती है। बदले में कुछ पैसे आप से मांगते हैं। लाखो लोग इन साइट्स और ऐप्प में हज़ारो रुपए खर्च करते है। जिनसे इन् कंपनियों का सालाना करोड़ों का *टर्नओवर* होता है। अक्सर देखा गया है

कि इंटरनेट वडेटिंग एप्स, *मैट्रिमोनियल साइट* से बनाए रिश्ते अक्सर टूट जाते हैं। जिससे आपके पैसे तो बर्बाद होते ही है, साथ में आपका कीमती वक़्त भी और मानसिक तनाव का सामना अलग से करना पड़ता है।

इसका सबसे बड़ा कारन मुझे यह लगता है की, यहाँ लोग अपने आप को बढ़ा-चढ़ा कर दिखाने की कोशिश करते हैं। जिससे अधिक से अधिक लोग उनके 'प्रोफाइल' में आकर्षित हो। जब इन्हीं में से कोई प्रोफाइल आपको पसंद आ जाता है और आप बातें करने लगते हैं तो सामने वाला व्यक्ति कभी अपनी खराबी आपको नहीं बताएगा। वह आप से अच्छे से ही बात करेगा/करेगी। जिससे आपको हसीन सपने आएंगे और जब आप उनसे मिलेंगे तो आपके हॉर्मोन्स जो पहले से ही शरीर में उधम मचा रहे हैं, वह आपके मस्तिष्क पर प्रभाव डालेंगे कि जो आप देख रहे हैं वही सच है। जिस व्यक्ति से आप मिल रहे हैं वही आपके लिए बना है। आंत में उसे आप अपने जीवन का हिस्सा बना लेते है।

इन हॉर्मोन्स के वजह से कुछ लोग अपनी शारीरिक जरूरत पूरा करने को ही सफलता समझते हैं। यही कारण है कि आजकल 'वन नाइट स्टैंड' जैसे पश्चिमी संकल्पना प्रचलित हो रहे हैं। कुछ पलों की यह सफलता असल में असफलता है। जो आपको लंबे समय में प्रभावित करती है। आपकी मानसिक स्थिति पर प्रहार करती है। जिसके बारे में हम आगे जानेंगे, लेकिन पहले हमें यह जानना है कि हमारे हॉर्मोन्स को उबाल कहां से मिल रहा है? क्योंकि अगर हम आज से 50 साल पहले देखे तो इतनी ज्यादा गन्दगी दुनिया में नहीं मची थी। मैं ये स्वीकार करता हूँ की कुछ लोग तब भी पाए जाते थे। जो समाज में गन्दगी मचाते थे, लेकिन अब इस तरह के लोगो की संख्या कई ज्यादा हो गयी है। इस गंदगी को फैलाने में आखिर किन का हाथ पाव है?

देखिये मैंने यह पहले ही स्पस्ट कर दिया है की हम अधिकतर काम 'माइंड प्रोगरामिंग' (जो दुसरो के द्वारा की जाती है) के प्रभाव में करते है। हमारा 'माइंड प्रोग्राम' करने में पहला तो यह डेटिंगएप्पकम्पनियाँ, जो ऐसे-ऐसे अतरंगी विज्ञापन हमारे सामने दिन-रात चलती है। जिसे देख कर हमे या लगता है की काश हमारा भी कोई ऐसा साथी होता।

जिसके साथ मैं ऐसे घूमता, खाना खाने जाता, गिफ्ट देता/मिलता, ऐसे होटल में अपने रंगीन सपने पुरे करता।

दूसरा यही कुछ 'होटल्स', जो अविवाहित लोगों को साथ रहने की इजाजत देते हैं। यह भी आपको अपने विज्ञापन के जरिये ऐसे बुलाते है की 'हमारे यहाँ आओ, बिना शादी के हमारे यहाँ अपनी इच्छा पूरी करो। पैसो की दिक्कत है तो डिस्काउंट ले लो'। लेकिन यह तो शाखा और पते नजर आ रहे हैं। असली जड़ कहा है?

असली जड़ तो 'सिनेमा'है। जिनसे यह सब जुड़ा है। अधिकतर फिल्में जो आज बन रहे हैं उनमें शारीरिक क्रिया, लड़की-लड़के के बीच में संबंध दिखाई जाती है। जो नाबालिग बच्चे भी देख लेते हैं। आजकल हर किसी के पास मोबाइल और इंटरनेट है। इस तरह के चलचित्र को सरकार द्वारा बैन करने पर भी लोगों में और ज्यादा उत्सुकता पैदा हो जाती है। खासकर की बच्चों में और वह इन्हें कहीं ना कहीं से जुगाड़ कर देखते हैं।

बच्चे जब इस तरह के फिल्मों को देखते हैं खासकर की जो किशोरावस्था में है। उनके हॉर्मोन्स बहुत ज्यादा बूस्ट होने लगते हैं।उनमे एक जबरदस्त उत्सुकता पैदा होती है। जिससे वह इन फिल्मों से ऊपर भी जाने की कोशिश करते हैं। जब इन्हें 'पोर्न' यानी अश्लील फिल्मों के बारे में पता चलता है, तो यह उन्हें खूब देखते हैं। कुछ ऐसे अभिभावक है जो अपने आप को 'खुले सोच' या कहे 'ओपन माइंडेड' बता कर अपने बच्चो को इस तरह के पोर्न देखने के लिए खुली छूट भी दे देते है।

फिल्मों के किरदारों में, अपने सपनों का राजकुमार/राजकुमारी ढूंढते हैं। कभी आपने किसी से पूछा होगा कि 'तुम्हें कैसी पत्नी चाहिए?' तो उसने जवाब में दिया होगा कि 'उस फलाने हीरोइन की तरह'। कैसा पति चाहिए तो 'उस फलाने हीरो की तरह' 'इतनी बड़ी हैसियत रखने वाला'।

हमारा जीवन-साथी कैसा होगा या प्रेमी-प्रेमिका कैसे होंगे, इसकी रूपरेखा हमारे मन में फिल्मों के किरदार और सुंदर आकर्षक चेहरे से ही बनती है। कभी आपने किसी लड़की को कहते सुना, कि 'मेरा पति मेरे चाचा जैसा होना चाहिए' या 'मेरे फूफा जैसा होना चाहिए, मेरे पिता जैसे

धैर्यवान होना चाहिए' और ना किसी लड़के को कहते सुना होगा कि 'मेरी पत्नी मेरे मौसी जैसी या मेरे चाची जैसी या मेरी माँ जैसी सुशिल, सुन्दर और ममता से भरी होनी चाहिए' क्योंकि हमारे मन में फिल्म के किरदार इस तरह घर कर दिया है कि हम वास्तविकता को ही ठुकरा रहे हैं जो हमारे अस पास है।

अधिकतर लड़कियाँ चाहती तो है, उसका पति या बॉयफ्रेंड फिल्मी हीरो जैसा दिखे लेकिन उनका देखभाल की प्रविति अपने पिता जैसा चाहती है। लड़के भी ऐसा ही चाहते है की उनकी पत्नी या प्रेमिका उन्हें माँ की तरह उनका ख्याल रखे, खाना बनाए। लेकिन ऐसा हो नहीं पता क्यों की अधिकतर लोग शकल और पैसा देख कर प्यार करते है।

क्या सुंदर है और क्या बदसूरत इसकी परिभाषा भी फिल्मों ने हमारे मन में तय कर दीया है। अगर कोई इंसान मोटा, सांवला, सीधा-साधा है। तो हम यह मान लेते हैं कि इस व्यक्ति को कोई प्रेमी/प्रेमिका मिलना मुश्किल है। कई लोग तो इस तरह के लोगों से घृणा भी करते हैं। अगर लड़के के पास सरकारी नौकरी या बड़ा कारोबार हो तो उसे सुंदर-सुंदर लड़कियों के रिश्ते आते हैं, भले ही वह कैसा भी दिखता हो। उस वक़्त लोग अक्सर अपना फ़िल्मी चश्मा उतार फेकते है। पैसो की चमक के आगे कुछ नज़र नहीं आता। ऊपर से लड़की के माँ-बाप लड़के को महंगे-महंगे तोहफे अलग से देते है। जो उनका दामाद पहले से ही खरीदने का दम रखता है। मतलब पैसे के ऊपर और पैसा देकर लाद दिया जाता है।

दूसरी तरफ एक लड़का अगर सुंदर, सुडौल अच्छी कद काठी का है। लड़कियां उनसे आकर्षित जरूर होती हैं, क्योंकि सिनेमा वाला चश्मा से वह उन्हें एकदम सही लगता है। उसकी उतनी कमाई नहीं है, जितनी घरवालों ने पैमाना रखा हुआ या दूसरी जाति का है तो शादी के वक़्त घरवाले नहीं मानते। ऐसे में दो रास्ते बचते हैं या तो लड़की भाग कर शादी कर लेती है या फिर "डार्लिंग, वी कैंटकंटिन्यू डिस रिलेशनशिप एनीमोर, मैं अपने घरवालों का दिल नहीं तोड़ सकती, अगर तुम्हे *लास्टटाइम फिजिकल* होना है तो हो लो" बोलके के 'ब्रेकअप' कर दूसरे लड़के के साथ घर बसा लेती है। जो उसके घरवाले तय करते हैं।

दूसरी तरफ लड़कियों की कमाई तो नहीं देखी जाती क्योंकि हमारे समाज ने पश्चिमी देशो से आया खुल्लापन लड़कियों के लिए स्वीकार कर लिया है। लेकिन जिम्मेदारियों का बोझ तो आज भी लड़को के कंधो में उमड़ दिया जाता है। खैर, लड़की गोरी चिट्टी, सरल, लंबी, पतली आवाज वाली, कर्मठ हो और अगर यह सब गुण ना हो तो कम से कम पैसे वाली घर की होनी चाहिए ताकि कम से कम जिंदगी भर का उसका खर्चा उठाने के लिए कुछ रकम तो *एडवांस* मिले यह सब देखा जाता है।

यहां आप देख रहे होंगे कि लोग अपने जीवनसाथी का चुनाव पैसा, हैसियत, जात-पात, आकर्षण, वह अपने फिल्मी चश्मे से देख कर रहे हैं।

व्यवहार, आचार-विचार, आचरण, एक-दूसरे की रुचि, उनके दोस्त जिनके साथ वह ज्यादा वक्त बिताते हैं/ या बिताएं हैं [क्योंकि मैंने पहले ही कहा कि आप जिनके साथ ज्यादा समय बिताते हैं, उनका असर आप पर पड़ता है], समझदारी, सोच, शिक्षा(डिग्री असली है या नहीं), किसी तरह की बीमारी (मानसिक व शारीरिक) है या नहीं। है तो क्या इलाज लायक है या लाइलाज है। कोई अपराधिक *रिकॉर्ड* इत्यादि जैसे महत्वपूर्ण *पैरामीटर्स* पर ध्यान ही नहीं देते और फैसला कर बैठते हैं। कितने गिल्फ्रैंड्स/बॉयफ्रैंड्स रहे? उनके साथ कितनी नजदीकियां रही ? रिलेशन क्यों टुटा? यह सब बात जब आप पूछो तो आपको यह कहकर निचा दिखाया जाएगा की आप उच्च विचार नहीं रखते, ऑर्थोडॉक्स (रूढ़िवादी) हो, ओपन माइंडेड नहीं और न जाने क्या क्या!

कई '*ऑरेंज शादियों*' में भी ऐसा देखा गया है कि जान पहचान के हैं, तो लड़की या लड़के का कोई खबर नहीं रखा और शादी करा दी, क्योंकि उनके परिवार से अच्छा संबंध है। शादी के बाद चीजे गलत होने लगती है या अपेक्षा अनुसार नहीं होती फिर झगड़े होने लगते हैं। दोनों परिवारों में तनाव का माहौल बन जाता है। कुछ समय बाद ऐसा भी देखा गया है, कि अदालत के चक्कर और थाना पुलिस के चक्कर काटने पड़ते हैं। आपकी जीवन भर की कमाई दांव पर लग जाती है। साथ ही समाज में मान-सम्मान, प्रतिष्ठा की हानि भी होती है। जिसे बनाने के लिए आप जीवन भर मेहनत करते हैं व दूसरों से सद्भाव बनाए रखते हैं।

कभी किसी के साथ शादी उसकी गरीबी और बेबसी देख कर ना करे। वह गरीब और बेबस क्यों हुए? पहले यह जाने, अगर उनका परिवार पहले अमीर था और अब गरीब हो चुका है। इसका मतलब कहीं ना कहीं वह अपनी संपत्ति की सही रक्षा करने में सक्षम नहीं है। या उनके खानदान में कोई व्यक्ति रहा होगा जिसने संपत्ति लुटा दी। इस तरह के लोगों में ठाट-बाट अमीरों वाला होता है लेकिन हालात से मजबूर होते हैं। ऐसे लोग अक्सर सताए हुए होते हैं। जिसके वजह से उनके मन में हिंसा, जलन भरी होने की पूरी संभावना है। इसलिए जल्दी से किसी पर उनके मौजूदा हालत की वजह से दया ना करें और दया करनी भी हो तो बहुत सोच समझ कर करें। जिसके लिए आपको बाद में पछताना न पड़ जाए।

ऐसा भी देखा क्या है की कुछ ऐसे जोड़ी हैं। जो बहुत कामयाब रह चुके हैं। उनको अपने जीवन में दौलत शोहरत की कोई कमी नहीं लेकिन उनकी भी शादी टूट जाती है या ब्रेकअप हो जाता है। ऐसे में देखा गया है कि उनका एक से अधिक व्यक्तियों से प्रेम संबंध, एक-दूसरे को काम की वजह से समय नहीं दे पाना, विचारों में टकराव, नशा व दुर्व्यवहार शामिल है। इससे हमें यह पता चलता है कि एक शादी को बचाए रखने या एक रिश्ते को बचाए रखने के लिए सिर्फ दौलत शोहरत ही नहीं एक दूसरे के लिए समर्पण भाव, ईमानदारी इत्यादि की भी जरूरत है।

आपको लग रहा होगा कि यह सब झंझट में हमें पड़ाना ही क्यों? हम गर्लफ्रेंड बॉयफ्रेंड वाले रिश्ते में खुश हैं। इससे हमारे हॉर्मोन्स और इच्छाएं काबू में रहती हैं और बाद में इस रिश्ते से निकलने के लिए दो-तीन शब्द कहकर निकलने का मौका भी मिलता है। जिससे हम इस रिश्ते में बंधे नहीं होते। आपके मन में एक और ख्याल आ रहा होगा कि पैसे देकर किसी व्यक्ति के साथ शारीरिक संबंध बना ले। अगर आप ऐसा सोच रहे हो तो यह सोच खतरनाक है। जो आपको अपनी और समाज की नजरों में गिरा सकती हैं।

गर्लफ्रेंड/बॉयफ्रेंड हम उसे बनाते हैं, जिनसे आकर्षित होते हैं। यह आकर्षण शारीरिक, मानसिक या दोनों हो सकता है। अब बात यह है कि गर्लफ्रेंड-बॉयफ्रेंड तो बन गए। शारीरिक संबंध भी बना लिया। मानसिक रूप से भी जुड़ गए। यहां तक तो ठीक है, लेकिन अगर कल को पता

चलता है की यह व्यक्ति आपके लिए ठीक नहीं है। आपको यह धोखा दे रहा है। किसी गलत काम में लिप्त है। तो आप क्या करेंगे?

ऐसे में अगर आप उसे छोड़ना चाहे तो आपसी सहमति से छोड़ सकते हैं 'जंगल में मोर नाचा किसने देखा'। लेकिन अगर आपका बॉयफ्रेंड या गर्लफ्रेंड ब्रेकअप ना करना चाहे तो? कल को वह आपकी निजी तस्वीर सोशल मीडिया में डाल दें तो? जो राज़ आपने उसे, भरोसा करके बताएं जो सिर्फ आपको ही पता है। कल को वह दुनिया के सामने सार्वजनिक कर दे तो? आप जहां पर कार्य करते हैं या जहां पढ़ते हैं वहां पर आकर हंगामा करे तो क्या होगा? अगर आप लड़के हैं तो आपकी गर्लफ्रेंड (लड़की) के द्वारा आप पर झूठा यौन शोषण, उत्पीड़न, धमकाने, मारने पीटने, अपहरण का केस कर दे तो? ताकि वह आप से मोटी रकम निकाल सके या आपसे जबरदस्ती शादी कर सके या आपकी प्रतिष्ठा नष्ट कर सके।

यह बातें सुनने में भयावह लग रही होगी, लेकिन आजकल के जमाने में यही सत्य है। लोग इसमें फंस जाते हैं जिनकी वजह से कुछ लोग आत्महत्या जैसे कार्य तक कर बैठते हैं। *क्लीनिकल डिप्रेशन* में चले जाते हैं। दूसरों की हत्या तक कर देते हैं। बॉयफ्रेंड/ गर्लफ्रेंड से जुड़े ना जाने कितने अपराध रोज हो रहे है। कुछ अखबारों में एते तो कुछ दबे रह जाते है।

मान लीजिए कि आप सीधे तरीके से *रिलेशन* से निकल आते हैं। आप यह गौर करेंगे कि आपका जो अगला रिलेशन होगा उसमें आप जिस व्यक्ति का चयन करेंगे। वह भी पहले के व्यक्ति जैसा ही मिलेगा। आपका मन वही उर्जा, मानसिकता, व खूबसूरती ढूंढेगा जिसका अनुभव उसे पहले हो चुका है। भले बाद में चीजें कितनी खराब हुई हो, फिर से आप वही गलतियां दोहराएंगे।

फिर वही ब्रेकअप के दुख से गुजर ना होगा। यह आपके साथ तब तक होता रहेगा, जब तक कि आप अपने दिमाग को काबू में करना नहीं सीख जाते। वह यादें, वह ऊर्जा को भूल नहीं जाते और इसे भुलाना हलवा बनाने जैसा आसान भी तो नहीं। वरना अब तक तो आपने सही व्यक्ति का चयन कर लिया होता। यही कारण है कि आपने देखा होगा कुछ लोगों

के 10-12 या उससे भी ज्यादा गर्लफ्रेंड/बॉयफ्रेंड होते हैं। उनके दिमाग में जो छवि बनी होती है अपने लिए 'परफैक्ट पर्सन' की, उसको वह निकाल नहीं पाते। इतने सारे ब्रेकअप से गुजर जाने के बाद लोग नशा-पानी का शिकार हो जाते हैं।

मैं एक ऐसी लड़की से मिला जिसके 12 बॉयफ्रेंड रहे हैं, लेकिन उसे शोषण के सिवा कुछ नहीं मिला और इन सब को भूलने के लिए वह नशा का सहारा लिया करती है। मैं ऐसी लड़के से भी मिला हूं। जिसने कई सारी लड़कियों के साथ संबंध रखे हैं और वह इस बात को बड़े गर्व से बताता है, कि मैं इतनी लड़कियों के साथ सो चुका हूं। जब उसने मुझे इस बारे में बताया तो मैंने उससे पूछा 'क्या तुम अपने माँ-बाप, भाई-बहन के सामने भी ऐसे नंगा होते हो? वह तो तुम्हारे अपने हैं। वह बोला 'पागल हो क्या? घर वालों के सामने नंगा कैसे हो सकता हूं?' मैंने कहा 'फिर तुम उन लड़कियों के सामने कैसे नंगा हो गए जिन्हें तुम ठीक से जानते तक नही? शोषण तो तुम्हारा हुआ है'।

ऐसा व्यक्ति अगर शादी करता है, तो उसके मन इतने सारे गंदे विचार, शक, हिंसा, बेपरवाहपन आदि भर चुका होता है (जिनका अनुभव उसे पिछले संबंधों से मिला है)। अपने जीवन-साथी के साथ भी नहीं जमती। फिर डिवोर्स हो जाता है और फिर एक और शादी होती है और यह चक्र चलता रहता है। कुछ लोग इस में फंस कर जीवन से तंग आ जाते हैं। गलत काम कर बैठते हैं, दूसरों को दोषी ठहराते हैं, किस्मत को कोसते हैं। वह नहीं समझते की यह 'चक्रव्यू' तो उन्होंने खुद ही रचा है जिसमें वह खुद फंस चुके हैं।

अब तो आपको पक्का लग रहा होगा कि पैसे दे कर कुछ वक्त के लिए किसी का देह खरीद, अपने हॉर्मोन्स को शांत करना सही रास्ता है। ऐसा आपके कई मित्र भी करते होंगे लेकिन यह बहुत बुरा रास्ता है। जरा ध्यान से सोचिए जिससे संबंध बना रहे हैं, वह अपनी मर्जी से नहीं बल्कि अपनी रोजी-रोटी चलाने के लिए यह कार्य कर रही/रहा है। आप जिसके होठों को स्पर्श कर रहे हैं ना जाने उनको कितने सारे लोगों ने स्पर्श किया है। आपको नहीं पता की उन्हें कोई यौन-संबंधी रोग है या नहीं। आपके छूने से वाह ऊपरी तौर पर यह दिखा रही है कि वह अच्छा महसूस कर

रही हैं लेकिन अंदर से उसे आपके हवस का ही एहसास होता है। लेकिन आप इस बारे में नहीं सोचते क्योंकि आप हॉर्मोन्स के नशे में शारीरिक जरूरत पूरी करनी की सोचते है।

आपको यह अनुभव बेहद सुखद लगेगा। इससे कई तरह के हॉर्मोन्स आपके दिमाग में असर करते हैं। आप तो क्रिया करके भूल जाते हैं, लेकिन आपका दिमाग यह अनुभव नहीं भूलता। कुछ दिन बाद आपका दिमाग आपसे यह अनुभव दोबारा मांगता है। यहाँ पर शुरू होता है असली खेल। आप दोबारा पैसे लेकर पहुंच जाते हैं अनुभव लेने। फिर क्या है, आपको इसकी लत लग जाती है। देखते-देखते आप एक चक्र में फंस जाते हैं। जैसे नशेड़ी को बिना नशा किए नींद नहीं आती आपको भी इसकी तलब समय-समय पर लगती है। आपके कमाई का पैसा जेब से निकलता जाता है। हो सकता है आपको इस दौरान कोई यौन संबंधित बीमारी भी लग जाए। इस कार्य को हमारे देश में इजाजत दे दी गई है, लेकिन फिर भी आप पुलिस के चक्कर में भी पड़ सकते हैं, क्योंकि ऐसे लोगों का संबंध असामाजिक तत्वों से भी होता है। जिनके पीछे अक्सर पुलिस पड़ी होती है। आपकी रुचि विवाह में घट या ना के बराबर हो सकती है। जो भविष्य में आपके लिए ठीक नहीं है। अगर विवाहित है, तो आपका वैवाहिक जीवन बर्बाद हो सकता है। देखा जाए तो पैसे देकर आप खुद का ही शोषण करा लेंगे। अपनी मानसिक,शारीरिक हानि करा बैठेंगे।

अब आपको मन में आखरी उपाय यानी, अपने हाथों का इस्तेमाल करना ही सही लग रहा होगा। ताकि अपने जज्बातों और हॉर्मोन्स को काबू कर सकें। इससे ना तो कहीं जाना पड़ेगा ना किसी की जरूरत होगी ना पैसे खर्च करने पड़ेंगे। मेरे दोस्त, मैं आपको निराश तो नहीं करना चाहता लेकिन यह भी सही रास्ता नहीं है। यह तरीका सबसे आसान और सबसे खतरनाक इसलिए है, क्योंकि यह आप को गुलाम बनाने की ताकत रखता है। जब आप हस्तक्रिया करते हैं, चाहे लड़का हो या लड़की आपको अद्भुत खुशी का अनुभव होता है। क्योंकि यहाँ वही हैप्पी *हॉर्मोन्स* काम कर रहें होते हैं। जो वह क्रिया को दोहराने के लिए हमें फिर से मजबूर करते हैं। क्योंकि यह तरीका इतना आसान है, इसमें आपको

किसी की जरूरत नहीं ना कहीं जाना पड़ता है ना किसी से झूठ बोलना पड़ता है। इसलिए इस आदत के आप आदि जल्दी हो जाते हैं। यह आदत आपके अंदर 'बम्बू' की तरह तेजी से पनपता है।

जब आप इसे हद से ज्यादा करने लगते हैं। तो शरीर में कमजोरी, थकावट, दूसरे कामों में एकाग्रता की कमी, आलस, अधिक नींद आना इत्यादि लक्षण शामिल है। भविष्य में अपने साथी की शारीरिक जरूरत को ना पूरा कर पाना, हीन भावना का शिकार होना, अपने साथी के साथ संतुष्टि ना महसूस करना भी शामिल है। इसके कुछ फायदे भी है जैसे तनाव को कम करना, अच्छा महसूस करना, पश्चिमी देशो के लोग यही छोटी सी फायदे को बड़ा बता कर आपको यह करने के लिए उकसायेंगे। इसका यह भी कारण है, पश्चिमी देशो में पोर्न इंडस्ट्री ज्यादा बड़ी है। जिसके ग्राहक हमारे और अस पास के देश के लोग बड़ी संख्या में है। इसके लिए आपको जो बड़ी कीमत चुकाना पड़ सकता है, उसके बारे में आपको कोई नहीं बताता।

तो हमने समस्या तो जान लिया, किस वजह से हम खुद पर काबू नहीं रख पाते, कैसे हम अपने जीवनसाथी का चुनाव करते हैं, या गर्लफ्रेंड/बॉयफ्रेंड का चुनाव करते हैं, हमें हॉर्मोन्स को काबू में करने के लिए कौन से गलत रास्ते का चुनाव करते हैं। लेकिन अब सवाल है इसका समाधान क्या है?

इसका समाधान तो हमारे पुराने संस्कृति में ही छिपा है। यही कारण है कि पहले लोग कम उम्र में ही शादी कर देते थे। अभी भी कई अफ्रीकी विदेशों में कम उम्र में विवाह कर दिया जाता है। लेकिन यह भी उचित नहीं है, क्योंकि इससे महिलाओं को बुरे दौर से गुजरना पड़ता है, जैसे 'प्रेगनेंसी'। उनके जान को भी खतरा होता है। उसके बाद स्वास्थ्य से जुड़ी समस्याएं, ससुराल वालों के द्वारा अधिक काम कराया जाना, बहुत ज्यादा मानसिक तनाव का होना। जो इतनी कम उम्र में उनके जीवन को प्रभावित करता है। हमारी सरकार द्वारा तय की गई उम्र सीमा मेरे हिसाब से एकदम ठीक है। इससे 3 से 5 साल के बाद तक शादी कर लेनी चाहिए।

आजकल की *जनरेशन* ने शादी को इतना *'कॉम्प्लिकेटेड'* (जटिल) बना दिया है। जैसे शादी का मतलब जिंदगी खत्म। हमारा सिनेमा भी तो युवाओं का *'ब्रेनवाश'* करने में पीछे नहीं। आपने *'डायलॉग'* सुना होगा 'शादी इस दाल चावल और फॉर 50 साल.. ' अरे मूर्ख! यही दाल चावल ही है जिसे खाकर हमारे पूर्वज ने जीवन बिताया और उनको आज की तरह दवाइयों और डॉक्टरों के सहारे की जरूरत नहीं थी। जब तक कि वह बहुत बूढ़े ना हो गए। हमें शादी को इतना 'बोरिंग' बता दिया गया है कि हम इस के नाम से दूर भागते हैं। जो शादी कर रहे हैं, उनका मजाक उड़ाते हैं कि 'जिंदगी में अब कुछ नहीं रहा क्या'?

असल में, इतना भी 'बोरिंग' नहीं है क्योंकि अगर आप देखो तो हमारे संस्कृति में 12 महीने में कई पर्व आते हैं। जो हम अपने परिवार के साथ मनाते हैं। खुशी के पल तब आते हैं, जब अपने बच्चे को जन्म लेता देखते हैं। साथ घूमना-फिरना, एक दूसरे का साथ देना चाहे वह दुख हो या सुख। साथ मिलकर समस्याओं का हल निकालना आदि शामिल है।

शादी एक पवित्र बंधन है, दो लोगो और उनके परिवार के लिए खूबसूरत अनुभव। लेकिन यह तभी संभव है, जब हम सही वक्ति और परिवार का चुनाव करे। इंग्लिश में एक कहावत है 'इट्स बेटर सेफ डैन सॉरी'। हम लोग दूसरे क्या सोचेंगे यह हम पहले सोच लेते है। हम सवाल नहीं करते, तत्यों या पता नहीं लगते। बाद में शादी को बदनाम करते है। लॉ एंड आर्डर पर बेवजह दबाओ आता है।

व्यक्तिगत तौर पर मुझे ऐसा लगता है, जब हम पश्चिमी सभ्यता को अपना ही रहे हैं। तो पश्चिमी देशों में शादियों से पहले हो रहे *'एग्रीमेंट'* यानी करार जिसे हम *'प्रेनुपटिआल एग्रीमेंट'* भी कहते है। उसे हमारे देश में कानूनी तौर पर मान्यता देनी चाहिए। इससे भविष्य में लड़के-लड़की में और उनके परिवार के बीच भविष्य में किसी भी तरीके का वाद-विवाद, शादी से पहले ही एग्रीमेंट के जरिए कम कराया जा सकता है।पश्चिमी देशों के खुलेपन को तो हम दोनों हाथों से अपना रहे हैं। लेकिन उस खुलेपन से होने वाले समस्याओं को और उनके हल, जो पश्चिमी देशों ने अपने लिए खोजें हैं, उनको दोनों हाथों से क्यों नहीं अपना रहे?

यह तो समय की बात है लेकिन तब तक आपको सुरक्षित किनारे पर रहना है। इसके लिए

- शादी से पहले कुछ बातों का आपको ध्यान रखना चाहिए। जैसे - आपके होने वाले के हाथ से लिखी हुई 'बायो डाटा' अपने पास सम्हालकार रखे, जिससे शादी के बाद अगर उनके शिक्षात्मक या दूसरी योग्यता गलत या नकली निकले जो 'बायो डाटा' में उन्होंने दवा किया था। तो आप उनपर कारवाही कर सके अगर वह योग्यता का होना आपके लिए महत्वपुर्ण है।

- इसके साथ-साथ अपने होने वाले जीवन साथी और खुद का मेडिकल जाँच कराए। यह जाँच ऐसी जगह होनी चाहिए जहा पर पैसे देकर 'रिपोर्ट' अपने अनुसार ना कराया जा सके। दोनों पक्छ की मौजूदगी में, ये रिपोर्ट की कॉपी एक दूसरे को सौंप देनी चाहिए। इस मेडिकल जाँच में दोनों में *फर्टिलिटी*, जीवन शैली से होने वाली बीमारिया, ट्रस्टि, हड्डियों में कोई दर्द या चोट की जाँच इत्यादि जरूर होनी चाहिए।

- यह बेहद जरुरी है की शादी करने से पहले आप अपने साथी की परख जरूर कर लें। ठीक उसी तरह जब आप किसी कंपनी में नौकरी के लिए जाते हैं, तो वहां कुछ खास 'पैमाने' होते हैं। अगर आप सारे पैमाने पार कर पाते हैं, तो ही आपको कंपनी में नौकरी दी जाती है। साथ ही आपका *बैकग्राउंड 'वेरीफिकेशन'* भी होता है कि कहीं आपका कोई अपराधिक रिकॉर्ड तो नहीं। एक नौकरी के लिए जब इतना सारा झमेला आपको झेलना पड़ता है, इसके बाद भी कोई *गारंटी* नहीं होती कि कुछ महीने बाद आपकी नौकरी नहीं जाएगी। तो जब बात शादी की हो तो यह जरूर ध्यान रखें क्योकि यह नौकरी से भी महत्वपुर्ण विषय है। अपने हिसाब से 'पैमाना' तय करने में कोई बुराई नहीं। जो उस पैमाने पर खरा उतरे उसी से शादी करें। इससे भविष्य में आप के साथ धोखाधड़ी होने के चांस काम होंगे व खुद को बेबस नहीं पाएंगे।

याद रखिए दुनिया में ढेर सारी लड़के/लड़कियां हैं और आपके लिए भी कोई ना कोई जरूर होगा। इसलिए इस कार्य में जल्दबाजी बिल्कुल भी ना करें। अपने चरित्र का निर्माण करें, अपने काम पर ध्यान दें, ऐसा नहीं कि आपको करोड़ों रुपए अर्जन करने के बाद ही शादी करनी होगी, आपने पहले ही पढ़ा करोड़ों, अरबों रुपए वालों की भी शादियां नहीं टिकती। उनका निजी जीवन भी कुछ अच्छा नहीं होता।

हर कोई आपके मुताबिक 100 प्रतिशत भी नहीं हो सकता। क्योंकि जिसे आप अपना जीवन साथी बनाना चाहते हैं, वह आपके साथ बड़ा नहीं हुआ है। तो जरूरी नहीं कि उसके ख्यालात, आचार-विचार, रहन-सहन आपके अनुसार होगा। लेकिन अगर 70% भी कोई आपके मुताबिक खरा उतरता है, तो आप बात आगे बढ़ा सकते हैं। थोड़ा 'एडजस्ट' कर सकते। जैसे आप परिवार के अन्य सदस्यों के साथ एडजस्ट करके चलते हैं। ताकि मनमुटाव ना हो और घर में शांति बनी रहे।

आजकल के जमाने में 'टेक्नोलॉजी' और मेकअप के द्वारा सुंदर दिखना भी बहुत आसान हो गया है। इसलिए किसी की सुंदरता पर निछावर ना हो जाए और किसी की सुंदरता देख फैसला मत लिजिए। हमारे समाज में 'अरेंजमैरिज' में पहले फोटो दिखाया जाता है, फिर पसंद कराया जाता है जो कि बिल्कुल भी उचित नहीं है।

शादी के 2 से 3 साल बाद तक एक दूसरे को समय दें, दोनों परिवारों को अच्छे से खुलने मिलने का समय दें। किसी से बहुत अधिक उम्मीद ना रखें। इस दौरान दोनों परिवार वालों की यह जिम्मेदारी होना चाहिए कि लड़के-लड़की पर किसी तरह का दबाव ना दिया जाए। उनको थोड़ा बहुत ही सही लेकिन वित्तीय रूप से सहयोग करना चाहिए। ताकि लड़का/लड़की भविष्य के लिए कुछ अपनी आय जमा कर सके। अपने अनुसार अपना परिवार बढ़ा सकें।

एकशादी/रिलेशनशिप को बनाए रखने के लिए चार चीजों का होना बहुत जरूरी है।

1. *झूठ का ना बोलना।*

2. घमंड का ना रखना।
3. अहंकार ना दिखाना।
4. अपने साथी से जलन का ना होना।

<u>संक्षेप</u>

- एक समय के बाद हमारे शरीर में कई तरह के हॉर्मोन्स का प्रभाव तेज हो जाता है। प्रकृति ने ही हमारे शरीर को इस तरह प्रोग्राम किया है। इससे विपरीत लिंग के प्रति आकर्षण और उत्साह बढ़ता है। इन हॉर्मोन्स के प्रभाव से, होने वाले आकर्षण को हम 'प्रेम' समझ बैठते हैं।

- हॉर्मोन्स के प्रभाव में आकर हम ऐसा रास्ता चुनते हैं। जो हमें पल भर के लिए खुशी तो प्रदान करता है, लेकिन लंबे समय में हमारा ही नुकसान कर देता है। चाहे वह नुकसान शारीरिक, मानसिक व आर्थिक क्यों ना हो।

- शादी को हमने इतना जटिल बना दिया है, आज के जमाने में शादी करने को बेवकूफी माना जा रहा है और शादी जैसी पवित्र चीज का मजाक बनाया जा रहा है।

- सुंदरता की परिभाषा और अपने जीवनसाथी की रूपरेखा फिल्मों के किरदारों से प्रभावित होता है।

- आपको जीवनसाथी का चुनाव करते वक्त लाखों कमाने की जरूरत नहीं, क्योंकि करोड़ों कमाने वालों की भी शादियां/ रिलेशन नहीं टिकती।

- जीवनसाथी का चुनाव करते वक्त या किसी के साथ *रिलेशन* में जाते वक्त अपने मन में कुछ *पैरामीटर्स* जरूर *सेट* करें। ठीक उसी तरह जैसे किसी कंपनी में *जॉब* के लिए कुछ 'एलिजिबिलिटी' होती है।

- सही व्यक्ति के मिलने तक जल्दबाजी ना करें और ना ही हताश हो। दुनिया में इतने सारे लोग हैं। कोई ना कोई आपको अवश्य मिलेगा।

- एक शादी को बनाए रखने के लिए चार चीजों का होना बहुत जरूरी है। झूठ का ना बोलना, घमंड का ना रखना, अहंकार ना दिखाना और अपने साथी से जलन का ना होना।

- सही समय पर शादी का निर्णय लेना बेहद जरूरी है, बस आपका जीवन साथी आपके अनुकूल हो।
- आपके होने वाले के हाथ से लिखी हुई 'बायो डाटा' अपने पास सम्हालकार रखे, साथ ही खुद की और अपने होने वाले जीवनसाथी का मेडिकल जाँच जरूर कराये। वह भी ऐसी जगह जहा रिपोर्ट में हेरा-फेरी ना की जा सके।

6

हैलो बेबी

"यह महसूस करना महत्वपूर्ण है, कि कुछ चीज़े यादों में ही बसी अच्छी हैं, जिसे आप वापस नहीं चाहते।

- पाउलो कोइल्हो"

प्यार एक 'निर्णय' होना चाहिए ना सिर्फ एक 'भावना'। भावनाएं अक्सर समय के साथ बदल जाते है। पिछले अध्याय में हमने अपने निजी जीवन के कई सारे बातों पर रोशनी डाला। हमने यह देखा कि कैसे हमारे शरीर के हॉर्मोन्स हमारे व्यवहार और इच्छाओं को नियंत्रित करते हैं। कैसे टीवी/मीडिया के जरिए हम वह पाने की कोशिश करते हैं जिसकी हमें जरूरत नहीं। कई बार हम इनके बहकावे में आकर किसी संबंध में लिप्त हो जाते हैं, खासकर उस वक्त जब हमारा ध्यान अपने करियर को बनाने में होना चाहिए। कई बार हम इन्हीं संबंधों के ना टिकने से मानसिक व शारीरिक तौर पर चोटिल भी महसूस करने लगते हैं, फिर हम खुदको या किसी और को चोटिल करते है।

आजकल के जमाने में *'रिलेशनशिप'* में होना *'फैशन'* हो गया है। सोशल मीडिया में कोई भी अपना *'रिलेशनशिप स्टेटस'*, *'सिंगल'* नहीं रखना चाहता। कोई *'टेकन'* , *'कॉम्प्लिकेटेड'* , *'इनलव'* इत्यादि जैसे शब्द अपने सोशल मीडिया *'प्रोफाइल'* पर लिखना चाहता है। कुछ लोग

तो *रिलेशनशिप* में होने के बाद भी अपने *प्रोफाइल* में *सिंगल* लिख कर रखते है। ताकि दूसरे *सिंगल* लड़के/लड़कियों से चैट कर सके। हर कोई अपने गर्लफ्रेंड/बॉयफ्रेंड के साथ *पार्टी*, डेट इत्यादि पर जाना चाहता है। यह सब करने के लिए लोग, खासकर युवा अपने करियर पर ध्यान नहीं देते। हॉर्मोन्स के बहाओ में आकर, उन्हें यह सब इतना अच्छा लगने लगता है, कि वह यह भी नहीं देखते कि जिनके साथ वह इतना वक्त, ऊर्जा, पैसा खर्च कर रहे हैं, वह इन सब के लायक भी है या नहीं।

अक्सर एक दूसरे से आकर्षित होकर हॉरमोन्स के बहकावे में आकर लोग *रिलेशनशिप* में आते है, लेकिन इसके अलावा भी कई कारण है।

- <u>पहला दिखावट 'शो ऑफ'</u> के लिए, ताकि वह अपने सोशल मीडिया अकाउंट में अपनी खुशी से भरे पल, अपने *पार्टनर* के साथ साझा कर सकें। दुसरो से सर्वश्रेष्ठ दिख सके।

- <u>दूसरा, अपने शौक, पैसो के ना होने के कारण</u> खुद पूरा नहीं कर पाते और अपने पार्टनर के द्वारा पूरे करने के लिए रिलेशनशिप में आते हैं। जब वह शौक पूरे हो जाते हैं तो वह उन्हें छोड़ देते हैं या उनके शौक दिन प्रतिदिन इतना बढ़ता जाता हैं, कि सामने वाला व्यक्ति ही उनको छोड़ देता है।

- <u>तीसरी श्रेणी है, 'देखा-देखी'</u> क्योंकि उनके दोस्त अपने *पार्टनर* के साथ घूम-फिर रहे होते हैं। तो वह भी चाहते हैं, कि उनके जिंदगी में भी कोई पार्टनर आए और वह सब कर सके जो उसके मित्र या अस-पास के लोग कर रहे हैं।

अधिकतर रिलेशनशिप जो टूट जाती है, वह हवस, लालच, देखा-देखी, शो ऑफ, पर टिका हुआ होता है। जब दो में से एक व्यक्ति इस तरह के रिलेशनशिप में गंभीर रूप से जुड़ चुका होता है और दूसरा उसे छोड़ देता है तो पहला व्यक्ति टूट जाता है। कई तरह के मानसिक विकारों का उसे सामना करना पड़ता है। उसे लगता है कि उसके साथ धोखा हुआ है। उसे समझ नहीं आता कि आगे इस चीज को कैसे संभालना है।

व्यक्तिगत तौर पर तो मुझे यह "बॉयफ्रेंड/गर्लफ्रेंड" वाला 'कांसेप्ट' बिल्कुल पसंद नहीं। क्योंकि यह एक *विदेशी 'कांसेप्ट'* है या कहे संकल्पना है। जो हमारे समाज में एक बीमारी की तरह बढ़ रहा है। जिसके शिकार युवा पीढ़ी हो रही है।

कुछ लोग इसे 'मॉडर्न' यानी आधुनिक करार देकर, इसे सही ठहराने की कोशिश करते हैं। जिनमें बड़े-बड़े सेलिब्रिटीज, लेखक, फिल्म निर्माता, निर्देशक शामिल है। लेकिन आपको बता दूं कि वह बस इस विषय के जरिए अपनी 'रोटियां' सेकने में लगे हैं। क्योंकि "गर्लफ्रेंड-बॉयफ्रेंड" वाले कांसेप्ट पर, इनकी फिल्में और किताबे बिकती है। यह फिल्में और किताबें लोगों का *'माइंडप्रोग्राम'* करती है। जिससे उन्हें यह सब सही लगने लगे, जो यह बता रहे हैं।

कई बार आपको ऐसा सुनने को मिलता होगा कि, लड़की के बॉयफ्रेंड ने अपने दोस्तों के साथ मिलकर लड़की का बलात्कार किया, लड़की के बॉयफ्रेंड ने ब्रेकअप होने पर लड़की के होने वाले पति का कत्ल कर दीया। इसी तरह के कई सारे अपराध बढ़ते हुए, हम को आज के सामाज में देखने मिलते हैं। *ड्रगएब्यूज*, मर पिट, क़त्ल, आत्महत्या, रेप जैसे अपराध देखने को मिलते और यह आम होते जा रहे है। इसके साथ-साथ कई सारे झूठे मुकदमे भी देखने को मिलते हैं। जिसमें लड़का या लड़की एक दूसरे पर झूठे आरोप लगाते हैं।

"गर्लफ्रेंड/बॉयफ्रेंड" के इस कांसेप्ट में लड़का-लड़की एक तरह से पति-पत्नी जैसा ही रहते हैं। इनमे से कोई 'लिव-इन रिलेशनशिप' या 'कोहबिटेशन' में रहते है। जिसमे वह एक ही घर में एक दूसरे के साथ रहते है।

देखा गया है की लोग 10-15 साल तक भी साथ होते हैं। एक दूसरे में पूरी तरह लिप्त हो जाते हैं। फिर अचानक, किसी कारण से वह अलग हो जाते हैं। इसके कई कारण है, कोई दूसरा आकर्षित लगने लगता है, विचारधारा नहीं मिलते, या आचरण व मन सम्मान एक दूसरे के प्रति बदल जाता है। कारण कोई भी हो, लेकिन आपको ऐसा नहीं लगता कि उन्होंने पति-पत्नी जैसा ही अपना समय बिताया है। आपको नहीं लगता की वह एक तरह से समाज की नजरों में ना सही लेकिन इस तरह के 'ब्रेक

उप' के बाद 'तलाकशुदा' व्यक्ति के सामान ही है? क्योंकि उन्होंने भी वह अनुभव किया है जो एक पति-पत्नी अनुभव करते हैं। बस अंतर यह है कि उन्हें समाज ने नहीं देखा। मेरी बातें आपको तीख़ी लग रही होंगी लेकिन इसपर आप खुद ही विचार करे।

आजकल ज़माना बदल रहा है, लेकिन फिर भी 'तलाकशुदा' लोगो को समाज में अजीब नज़रो से देखा जाता है। मानो वह कोई गुनहगार हो। कुछ लोग उन्हें घृणा भरी नज़रो से देखते है। तलाकशुदा औरतों का कुछ मर्द फ़ायदा उठाने का मौका ढूढ़ते है। जिसमे अविवाहित लड़के भी शामिल है। ससुराल से छोड़कर मायके आने से उनकी लड़की के बारे में समाज के लोग चर्चा करने लगते है। उनकी दूसरी शादी होने पर भी उनके पति उन्हें पुरे दिल से नहीं अपनाते, उन्हें उनके अत्तीत की बातें याद दिलाते है (कुछ दुर्लभ मामलो में ही उन्हें सच्चा प्यार मिलता है)। मर्द, अगर तलाकशुदा हो तो उनको समाज में मजाक का पात्र बनाया जाता है। उनके मर्द होने पर सवाल उठाया जाता है। उनके स्वभाव पर प्रश्न चिन्ह लग जाता है। घर परिवार वाले भी इनका सम्मान नहीं करते।

जब एक तलाकशुदा (लड़का हो या लड़की) के साथ कोई अविवाहित शादी करना नहीं चाहता या पचास बार सोचता है। तो एक ऐसा व्यक्ति जो बिना शादी किये किसी दूसरे व्यक्ति के साथ सालों तक संबंद में रहा हो, उसके साथ शादी करने से पहले क्यों नहीं सोचते? शादी कर लेने के बाद तरह-तरह के बाद विवाद उत्पन्न होते है। आजकल के ज़माने में शादी के बाद 'तलाक' के होने का यह भी बहुत बड़ा कारण बन रहा है।

कुछ लोगो के लम्बे समय तक *रिलेशनशिप* में रहने के बाद जब 'ब्रेकअप' हो जाता है, तो घर वालों के दबाव में किसी दूसरे से शादी करने जाते है या खुद शादी करने का मन बनाते हैं। फिर ऐसे लोगों का चुनाव करते हैं, जिनको इनके बारे में और इनके भूतकाल के बारे में पता ना हो और चुपचाप से शादी कर लेते हैं।
फिर किसी सूत्रों (जिसमे सोशल मीडिया, घनिष्ट मित्र, रिश्तेदार, साथ काम करने वाले इत्यादि शामिल है) के द्वारा जब इनके जीवनसाथी को पता चलता है, की शादी से पहले इन्होंने अपने बारे में बहुत सारी बातें छुपाई हैं। तब तीन में से कोई एक बात होती है।

- वह इन्हे माफ़ कर देते है और अतीत को भूल कर जीवन में आगे बढ़ते है।
- वह इन पर विश्वास नहीं कर पाते और फिर झगड़े, तलाक जैसे कदम उठा लेते हैं।
- उन्हें जीवन भर इसके लिए 'दोषी' महसूस कराते है और खुश नहीं रह पते।

ऐसे में मेरी सलाह यह है, कि इस तरह शादी करने से पहले अपने होने वाले पति या पत्नी को अपने जीवन की सारी बातें साफ़-साफ़ बता दें। फिर अगर वह उसे मान लेते हैं और यह वादा करते हैं कि वह इस बात के साथ सहज रहेंगे तो ही शादी की बात आगे बढ़ानी चाहिए।

आपको ऐसा भी देखने को मिलेगा की जब आप अपने निजी जीवन के बारे में सारी बातें खुलकर साझा करेंगे, तो आपके होने वाले भी अपने जीवन की निजी बातें आपसे साझा करेंगे और आप लोगो में एक भरोसा, सहजता और आत्मीयता का विकास होगा।

जो लोग इस तरह के *रिलेशनशिप* में रहे और अब 'ब्रेकअप' हो गया है, उन्हें अपने लिए ऐसा लड़का या लड़की ढूंढने चाहिए, जिनके अतीत में भी इस तरह की घटना हुई है। ताकि वह एक दूसरे को अच्छी तरह से समझ पाए और उन्हें किसी तरह का *'गिल्ट'* महसूस ना हो। इसी तरह वह अपने आने वाला जीवन को ख़ुशी व शांति से बिता सकते है।

जब आप किसी को अपना घर किराये पर देते है। तो कई सारी *'वेरिफिकेशन'* और एहतियात बरतने के बाद ही देते है। आप किरायेदार से यह भी सुनिश्चित करा लेते है की वह आपके घर को ख़राब न करे। लेकिन जब आप किसी को अपना 'दिल' देते है, तो ये सब ध्यान क्यों नहीं रखते? उस वक़्त आप जोश में, 'माय लाइफ माय चॉइस' बोल के गलती पे गलती करते है। जब आपको धोखा मिलता है, तब आप अवसाद, तनाव और अकेलेपन में चले जाते है। फिर इससे निकलने का रास्ता खोजते है और इसी का फ़ायदा समाज में तरह-तरह के लोग आपसे उठाते है। फिर आपका लोगो पर से भरोसा भी उठ जाता है। आप यह नहीं समझते की अपने खुद ही उन्हें, अपने जीवन में छेड़-छाड़ की

अनुमति, खुद ही दी है।

मैं गर्लफ्रेंड-बॉयफ्रेंड के खिलाफ हूं, लेकिन 'प्यार' के खिलाफ नहीं। आप खुद देख रहे हो कि गर्लफ्रेंड-बॉयफ्रेंड की वजह से आपको और आपके घर वालों को कितनी परेशानियों का सामना करना पड़ सकता है। आप हॉर्मोन्स के प्रभाव में आकर कदम उठा लेते हो लेकिन बाद में इसका असर आप और आपके पार्टनर को झेलना होता है। जिससे आपका महत्वपूर्ण समय और ऊर्जा बर्बाद होता है। यह समय आपके भविष्य बनाने का है, इसीलिए यह समय आपको बर्बाद नहीं करना चाहिए। हर चीज का एक सटीक वक्त होता है। ना लोगों को वक्त से पहले कुछ मिलता है ना वक्त के बाद।

अगर आपको कोई अच्छा लगता है, तो उससे जरूर प्रेम रखो। प्रेम को शुद्धा रखना जरुरी है। इसके लिए अपने मन से यह चार चीजें हटाकर आप प्रेम संबध में जाना चाहे जो जरूर जाए - शारीरिक आकर्षण, दिखावा, स्वार्थ और चौथा किसी तरह की उम्मीद। अगर यह चार चीजें अपने मन से हटाकर आप किसी से प्रेम कर रहे हैं, या करना चाहते हैं तो बेशक करिए क्योंकि आपका प्रेम बिल्कुल 'शुद्ध' है। यही कारण है की असली 'प्रेम' को बहुत शुद्ध, पवित्र, सुखदायी और परमानंद से भरा बताया गया है। जिसकी अनुभूति आजकल के लोग नहीं ले पा रहे। आजकल तो प्रेम के नाम पर हवस और लालच का ही राज है (जो फिल्मो, कामुख कहानियों के जरिए हमारे मन में भरा जा रहा है)। फिर लोग प्रेम को ही 'गली' देते है। कसी से प्रेम करने से डरते है।

अगर आप 'केसस्टडी' करे, तो ये पायेंगे की प्रेम-प्रसंग में आत्महत्या के मामलों में 'लम्बे समय तक रिलेशन में रहने के बाद ब्रेकअप का होना' बहुत बड़ी वजह है। ऐसे में लोगो को एक दूसरे की आदत हो जाती है। उनके मन में 'गिल्ट', पछतावा, घृणा जैसे भाव घर कर जाते है। उनको ऐसा लगता है, दुनिया में अब कुछ नहीं बचा। यही कारण है की 'शादी' जैसी संकल्पना की उत्पत्तिहमारे समाज में हुई है। ताकि लोगो को एक दूसरे के साथ बांध सके, एक दूसरे की जिम्मेदारी उठा सके। किसी भी तरह के शोषण से बच सके। लेकिन आजकल के लोगो ने इसकी परिभाषा ही बदल दी। जिस पश्चिमी सभ्याता की नक़ल 'मॉडर्न' बनने

के नाम से की जा रहे है, क्या वहाँ के लोग अपनी सभ्यता से संतुष्ट है? इसका जवाब आप खुद ढूंढे!

अब एक सवाल उठता है कि अगर आपका ब्रेकअप हुआ है, तो इसके गम और तकलीफ से कैसे उभरे?

- अगर आपका ब्रेकअप हुआ है और आपने, अपने साथी को छोड़ा है या आपके साथ ने आपको या दोनों ने एक दूसरे को छोड़ा है। जो भी है, लेकिन अब आप आजाद हैं। इस आजादी का जश्न आपको अवश्य मनाना चाहिए और आपको खुश होना चाहिए कि आप ऐसे व्यक्ति से दूर है। जिसे आपकी परवाह नहीं या जो आपके लिए सही नहीं था/ थी।

- इसके बाद जो एक बड़ी गलती लोग अक्सर कर देते हैं कि किसी दूसरे "रिलेशनशिप" में घुस जाते हैं, जोकि गलत है। क्योंकि जो पहले आपका साथी था, आप उसी की तरह किसी को ढूंढते हैं, क्योंकि उसकी यादें आपके अंदर इस तरह से बसी होती हैं कि आप दूसरे व्यक्ति में उसे ही ढूंढते हैं। तो ऐसे में वह व्यक्ति भी उसी की तरह होता है और कुछ समय बाद वह भी आपको छोड़ देता है या आप ही उसे छोड़ देते हैं। आप लोगों में नहीं बनती और ऐसा करते-करते समय बीत जाता है। इसीलिए अगर आपका ब्रेकअप हुआ है, तो आपको पहले साथी जैसे व्यक्ति अपने जीवन में नहीं लाना है, क्योंकि उस तरह का व्यक्ति आपके जीवन में 'फिट' नहीं बैठा। इसी वजह से आपका ब्रेकअप हुआ है।

- अपने आप को समय देकर किसी तरह के अवसाद से बाहर निकालिए। रिश्ते टूटने पर अक्सर हमारे हॉरमोन्स का संतुलन हमारे मन में गड़बड़ हो जाता है। यही कारण है की हमें कुछ भी अच्छा नहीं लगता। कुछ लोग नशा-पानी के ज़रिये इसे ठीक करने की कोशिश करते है जो बिलकुल गलत है। आपको इस दौरान किसी ज्ञानी और सुलझे व्यक्ति का संग करना चाहिए। कोई अच्छा व्यक्ति ना मिले तो अच्छी किताबे पढ़नी चाहिए। इस दौरान अगर आपने नशा-पानी पकड़ लिया तो आपकी ज़िंदगी को बर्बाद होने से

कोई बचा नहीं सकता। आप अवसाद के दलदल में धस जायेंगे और कई बड़े गलत निर्णय ले बैठेंगे।

- अपने काम पर ध्यान लगाइए। सही समय का इंतजार करिए किसी को देखकर ना जलिए ना ऐसा महसूस कीजिए कि आपके जीवन में कुछ कमी है। यह बस आपके मन की धारणा है, जिस पर आप को ही काम करना है।

- कही ऐसी जगह घूमने जाइए, जहा आप पहले नहीं गए है। वाहा के माहौल, वातावरण को महसूस करिए। नए लोगो से मिलिए उनके बारे में जानिए, खुद की यादें बनाईए।

<u>संक्षेप</u>

- प्यार एक 'निर्णय' होना चाहिए ना सिर्फ एक 'भावना'। भावनाएं अक्सर समय के साथ बदल जाते है।

- अक्सर एक दूसरे से आकर्षित होकर हॉरमोन्स के बहकावे में आकर लोग रिलेशनशिप में आते है, लेकिन इसके अलावा भी कई कारण है। जिनमे *शो ऑफ*, शौक पूरा करना, 'देखा-देखी' शामिल है।

- अधिकतर रिलेशनशिप जो टूट जाती है, वह हवस, लालच, देखा-देखी, शो ऑफ, पर टिका हुआ होता है।

- 'तलाकशुदा' लोगो को समाज में अजीब नज़रो से देखा जाता है। मानो वह कोई गुनहगार हो जिसमे लड़के व लड़कियाँ दोनों है। लेकिन वही जो बिना शादी के साथ रहते है उनको यह सब झेलना नहीं पड़ता।

- अपने होने वाले पति या पत्नी को अपने जीवन की सारी बातें साफ़-साफ़ बता दें। फिर अगर वह उसे मान लेते हैं और यह वादा करते हैं कि वह इस बात के साथ सहज रहेंगे तो ही शादी की बात आगे बढ़ानी चाहिए।

- अपने मन से यह चार चीजें हटाकर आप प्रेम संबध में जाना चाहे जो जरूर जाए - शारीरिक आकर्षण, दिखावा, स्वार्थ और चौथा किसी तरह की उम्मीद।

7

एजेंडा समझो

सुबह उठकर मुंह साफ करना है, ताकि मुंह से गंध नहीं आए। नहाना है ताकि तन से दुर्गंध ना आए। अपने चेहरे को चमका कर रखना है, की लोग प्रभावित हो। यह तो हो गई बाहरी साफ सफाई या देखभाल। उन अंगों का क्या जो हमारे भीतर 24 घंटे हमारे लिए काम कर रहा है? इनको जो खुराक आप दे रहे हैं क्या इनके लिए पर्याप्त व लाभदायक है? जिन की देखभाल हम तभी करते हैं जब कोई रोग का सामना करना पड़ता है। कई तरह की दवाईयाँ और खाने-पीने में परहेज करना पड़ता है।

पिछले कुछ अध्याय में हमने देखा कि कैसे सिनेमा हमारे जीवन-साथी चुनने के विचार को प्रभावित करता है। ठीक उसी तरह मीडिया, सिनेमा हमारे स्वास्थ्य पर भी प्रभाव डालता है कैसे? वह इस अध्याय में हम देखेंगे, साथ ही जानेंगे कि हम कैसे इसके दुष्प्रभाव से बचें।

आजकल सब को आकर्षक दिखना है। सुडौल तन और खूबसूरत चेहरा सबको चाहिए। विज्ञापन, फिल्मों के जरिए हमें बताया जाता कि यह एक चीज़ इस्तेमाल करने से हमारा चेहरा चमक उठेगा। यह खाने

से हमारा शरीर बढ़ेगा। यह पहनने से हम 'कूल' लगेंगे। बड़े-बड़े फिल्मी सितारों के द्वारा इस तरह के वस्तुओं का इस्तेमाल करके दिखाया जाता है कि हम कुछ इनकी ही तरह लगेंगे।

लगभग 70% लड़के-लड़कियाँ इन बातों में आ जाती हैं। क्योकि यह विज्ञापन या फिल्में बनाते ही ऐसे है की लोग जब इन्हे देखे, तो लोगो की सोच पर ताला पढ़ जाए। इन से प्रेरित हो जाती है। इन सितारों की तरह खुद को देखना चाहती है। इसलिए वह भी इन चीजों में पैसे खर्च करते हैं। ताकि दूसरों को प्रभावित, आकर्षित कर सकें।

यह लोग *'जिम'* पहुंच जाते हैं। जहां कसरत कर इनकी जैसी *बॉडी* बना सके। अगर जिम में 100% लोगों में से देखा जाए तो, 70% लोग बस इन्हीं सितारों से प्रेरित होकर जिम आते हैं। जिनका मकसद उनकी तरह दिखना होता है। 20% ऐसे लोग होते हैं जो अपने शरीर को स्वस्थ रखने के लिए कसरत करते हैं। 10% ही ऐसे लोग होते हैं जो *'बॉडीबिल्डिंग'* में रुचि रखते हैं। अब हम बात इन 10 प्रतिशत लोगों की नहीं करेंगे क्योंकि उनको अपना मकसद पता है। ना ही हम बात 20% लोगों की करेंगे जो स्वस्थ रहने के लिए कसरत करते हैं। हम बात उन 70% लोगों की करेंगे जिन में, आप भी शामिल हो सकते हो या आपके कोई भाई-बहन शामिल हो सकता है। यही 70% लोग उस *'प्लानिंग'* का हिस्सा बन जाते हैं। जिसमें कुछ कंपनियां अपना पैसा कमा लेती है और इनके स्वास्थ्य खराब हो जाते हैं। फिर यही लोग *'बॉडीबिल्डिंग'* जैसी पवित्र प्रतियोगिता को बदनाम करते हैं।

इस तरह के लोगों में धैर्य की कमी होती है। वह चाहते हैं कि जल्द से जल्द शरीर गठीला और सुडौल बन जाए। कुछ कंपनी इसी इच्छा को पूरा करने के लिए अपने *'प्रोडक्ट्स'* इन लोगों तक विज्ञापन और कुछ विख्यात लोगों के द्वारा प्रचार कर पहुंचती है। जिन्हें यह धड़ल्ले से खरीदते हैं। कई *जिमट्रेनर* को इसके लिए पैसे भी दिए जाते हैं, ताकि वह इस तरह के *प्रोडक्ट्स* बेचे और वह इनको ज्यादा से ज्यादा लेने के लिए कहते हैं। ताकि यह जल्दी खत्म हो और वह फिर से नया डब्बा बेच सके।

अक्सर लोगों में इन प्रोडक्ट्स में इस्तेमाल होने वाले *'केमिकल्स'* और *'प्रिजर्वेटिव्स'* के बारे में ज्ञान नहीं होता। लंबे समय

तक लेते हैं, जिससे बाद में इन्हें कई तरह के शारीरिक परेशानियों का सामना करना पड़ सकता है। कई प्रोडक्ट तो नकली भी होते हैं।

हर किसी की शारीरिक संरचना अलग होती है और हर किसी को पोषक तत्वों की जरूरत भी उसी हिसाब से होती है।यह अधिक मात्रा में शरीर में जाने से शरीर की कार्यप्रणाली का संतुलन गड़बड़ हो जाता है। जो लंबे समय के लिए बिल्कुल भी अच्छा नहीं है। हर किसी का शरीर एक जैसा नहीं बन सकता, क्योंकि उनके पूर्वजों के शरीर की संरचना कैसी थी, इसपर भी यह निर्भर करता है की उनका शरीर कैसा बनेगा।

तो यह धरना हमें बंद करनी होगी कि जो छवि हमारे सामने रखकर हमें प्रेरित किया जा रहा है। हम उनकी तरह 'नहीं' दिख सकते क्योंकि हमारी एक अलग पहचान है। हो सकता हमारा शरीर उनसे और अच्छा दिखे या हो सकता है उनसे कम दिखे लेकिन जो भी है, हमारे शारीरिक संरचना के हिसाब दिखेगा और इसमें कोई शर्म की बात नहीं।

सोचने की बात यह है कि जो इन 'प्रोडक्ट' से हमें फायदा पहुंचाने की बात कही जा रही है, क्या वह प्राकृतिक रूप से हमारे आसपास मौजूद नहीं है? जिसका इस्तेमाल कर हम उतना ही फायदा उठा सके जितना इन 'प्रोडक्ट्स' का इस्तेमाल करके? सबसे बड़ा सवाल यह है कि क्या हमें इन *सप्लीमेंट्स* की जरूरत भी है? क्या हमने डॉक्टर से परामर्श किया कि हमारे शरीर में किन 'तत्वों' की कमी है? क्या हम जिम में पर्याप्त मेहनत कर भी रहे ताकि हमारी मांसपेशी बढ़े?

यह कुछ सवाल हमें अपने आप से करना चाहिए। कई लोग तो हद पार करके 'एनाबोलिक स्टेरॉइड्स' के *इंजेक्शन* भी लगाते हैं। जिससे 'मसल्स' जल्दी बढ़े, कसरत करने की छमता बढ़े। इसका सबसे बड़ा उदाहरण *मिस्टर ओलंपिया* (दुनिया के सबसे बड़ा बॉडी बिल्डिंग कॉम्पिटिशन) रह चुके 'रॉनी कोलमैन' है जिनकी तबीयत हाल ही में बहुत ज्यादा खराब हो गई थी। जिसका वजह उनके 'स्टेरॉइड्स' लेने को कहा गया है। जो वह 30 साल की उम्र से ले रहे थे।

यह तो हो गया 'फिटनेस इंडस्ट्री' की बात जो हमें स्वास्थ्य बनाने की जगह, ऐसे सुरंग में धकेल रहा है जहां अंधेरा ही अंधेरा है। वही लोग इससे बच पाते हैं, जिनको सही मार्गदर्शन वक्त रहते मिल जाता है। वह

जो चका-चौंध देखने के बाद भी इस पर ध्यान नहीं देते क्योंकि उनको खुद पर विश्वास होता है। कड़ी मेहनत से अपने आप को स्वस्थ रखते हैं।

सोशल मीडिया में आजकल आपको कई सारे ऐसे वीडियोस देखने को मिलते हैं, जिनमें लुभावने व्यंजन और उन्हें पकते दिखाया जाता है। यह खाना देखने में इतना लजीज होता है की मुंह में पानी आ जाए। कुछ लोग ढेर सारा खाना लेकर बैठते हैं और खाते हुए दिखाते हैं। इतना खाना की कोई साधारण इंसान नहीं खा सकता। यह सब तरह के वीडियोस में लाखो- करोड़ो व्यूज मिलते है। जिससे पता चलता इस माइंड प्रोगरामिंग का जाल कितना गहरा है।

इन सब में आप यह देखेंगे, कि खाने को आकर्षक दिखाने के लिए इसमें ज्यादा वसा यानी 'फैट' (घी, मक्खन, चीज़), खाने का रंग, ढेर सारा तेल, मसाले इत्यादि डाला जाता है। इस तरह के वीडियो जब हम बार-बार देखते हैं, तो बेवजह इस तरीके का मसालेदार, चटपटा कुछ खाने का दिल कर जाता है।

कुछ वयंजनों में एम.एस.जी (मोनोसोडियम ग्लूटामेट) जो 'अजीनोमोटो'के नाम से भी प्रचलित है। धलड़ल्ले से इस्तेमाल होता है। सरकारों द्वारा इस तरीके के पदार्थ बैन किये जाने के बाद भी आसानी से कुछ बाज़ारो में मिल जाते है। जिससे बताना मुश्किल है की आपके खाने में यह डाला जा रहा है या नहीं। खासकर तब, जब यह आपके सामने नहीं बनाई जा रही।

इस तेज-तरार जमाने में, खाना पकाने के लिए भी किसी के पास समय नहीं, इसीलिए 'पैकेजफूड' लोगों में बेहद प्रचिलित है। जिसमें ऐसे प्रिजर्वेटिव दिए जाते हैं। जिससे वह जल्दी खराब ना हो और 'सेल्फलाइफ' बढ़े। इनको बेहद स्वादिष्ट बनाया जाता है। जिस वजह से आप इन्हें बार-बार खाना पसंद करते है। इसके लंबे समय तक सेवन करने से कई तरह के शारीरिक समस्याओं का सामना करना पड़ सकता है। हाईब्लडप्रेशर या कहे उच्च रक्तचाप, मोटापा, डायबिटीज, पेट की समस्या, दिल की बीमारी इत्यादि देखा जाता है। जो आप, अगर अपने डॉक्टर से पूछे तो इसके बारे में वह आपको विस्तार से बताएंगे।

हम जो 'वर्ककल्चर' पश्चिमी देशों से अपना चुके हैं। उनकी वजह से हमें इस तरीके का खाना ग्रहण करना ही पड़ता है। क्योंकि काम ज्यादा होता है और काम पर तैयार होकर जाने के लिए वक़्त कम। जो समय बचता है उसी में खुद के लिए खाना पकाना, तैयार होना इत्यादि शामिल होता है। पश्चिमी देशों से नक़ल कर पिज़्ज़ा, पास्ता, बर्गर, सैंडविच, नूड्ल्स, स्पेगेटी, सूप, रैप, टाकोस और ना जाने क्या-क्या खाते हैं। यह जल्दी तो बन जाता है। लेकिन हमारे शरीर में बुरा असर करता है।

इनमें नमक, चीनी, मैदे, वसा का इस्तेमाल भरपूर होता है। जो हमारे स्वास्थ्य के लिए बिल्कुल भी सही नहीं है। जिन देशों से इसे नकल करके बनाया जाता है। वहां इनको बनाने की जो सामग्री होती है, वह बेहद 'शुद्ध' होती है और हमारे देश के हिसाब से महंगी होती हैं। इसलिए कभी आप अगर इस तरह की सामग्री खरीदने जायेंगे, तो यह गौर कीजियेगा की, जो पास्ता 'इटली' से भारत आता है, उनकी 'क्वालिटी' और जो पास्ता स्थानीय बाजार में मिलता है, उनकी क्वालिटी में जमीन आसमान का फर्क नजर आएगा। इटली से 'इम्पोर्ट' पास्ता का पैकेट महंगा होता है। कुछ ही अमीर लोग इन्हें खरीद सकते हैं। हम पास्ता खाने की 'फील' लेने के लिए, चीज़, मैदे और तेल से सना खाना खाकर गर्व से सोशल मीडिया में उस नकली पास्ता की फोटो डालते है।

इसे इस तरह से समझिए जैसे, चीन अपने देश में अमेरिका में बने सामानो को अपने देश में नक़ल कर, सस्ते कल-पुर्जे के साथ कम दाम में बनता है। लेकिन उनमे व टिकाऊ और विश्वसनीयता वाली बात नहीं होती जो अमेरिका में बने प्रोडक्ट्स में होती है। अक्सर ऐसे सामान अचानक ख़राब हो जाते है और दुबारा बनता भी नहीं। ऐसे ही हमारे देश में विदेशी वयंजनो को नक़ल करके बनाया जा रहा है और 'कॉस्ट इफेक्टिव' या दाम कम रखने के चक्कर में सामग्री की क्वालिटी से खिलवाड़ हो रहा है। जो सामग्री हमारे देश में पाई ही नहीं जाती उसे जबरदस्ती उगाया, बेचा जा रहा है। हमारे देसी पकवान हमारे थाली से गायब हो रहे है। जो हमारे लिए उतना नुकसानदेह नहीं है।

इसी तरह जो चीज़, तेल का इस्तेमाल किया जाता है। उनकी गुणवत्ता भी पश्चिमी देशों जितनी अच्छी नहीं होती और इन्हें लंबे समय

तक ग्रहण करने से तरह-तरह की बीमारियां जकड़ लेती है। उदाहरण के लिए पश्चिमी देशों में जैतून का तेल यानी *'ऑलिव ऑयल'* का इस्तेमाल खाना पकाने में किया जाता है। जो हमारे देश में बेहद महंगा है। यह तेल से खाना पकने पर कई सारे स्वास्थ्य लाभ भी मिलते हैं।

हमारे देश में जो तेल मिलता है चाहे वह सोयाबीन, नारियल या सरसों तेल, इनकी गुणवत्ता ओलिव ऑइल के जितना नहीं है। इन्हें कम से कम ही भोजन में इस्तेमाल करना चाहिए।

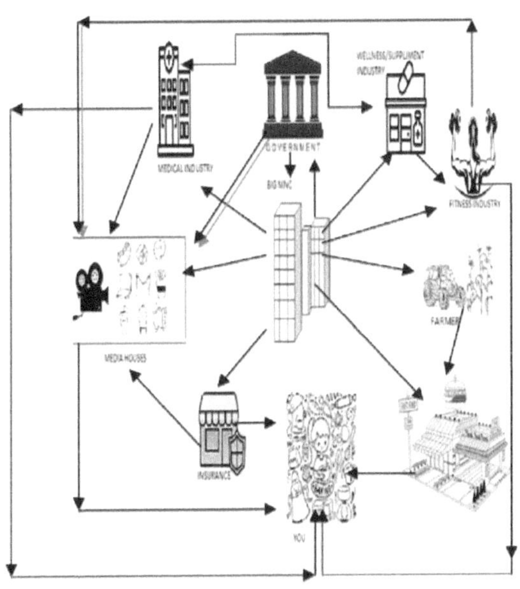

आपके 'माइंड प्रोगरामिंग' का व्यावसायिक जाल।

ऊपर दिए गए चित्र में आप समझ सकते हो कि कैसे यह सारी चीजें काम करती है। जो सरकारें हैं, वह किसी बड़े कंपनी को व्यापार करने की इज़ाज़त देती है। जिससे उनको भी 'कर' मिले। वह कंपनी अलग-अलग क्षेत्रों में पैसे निवेश करती है। जैसे कि मीडिया, इंश्योरेंस, हेल्थ, खाद्य,

स्वास्थ्य उद्योग शामिल है।

तो खेल कुछ इस तरह है कि, आपको टीवी/ मीडिया/ इंटरनेट के जरिए तरह-तरह के ख्वाब, व्यंजनों के बारे में बताया जाता है। फिर आप उस व्यंजन को किसी दुकान से खरीदते हैं या खुद बनाते हैं। किसानों को इस तरह के व्यंजन में इस्तेमाल होने वाली सामग्री उगने के लिए पैसे दिए जाते है। उनको पेट चलने के लिए उन्हें पारम्परिक फसल छोड़, इनके अनुसार काम करना पड़ता है। उन व्यंजनों को लंबे समय तक खाने से आपकी तबीयत बिगड़ती है। फिर आप हॉस्पिटल जाते हो। जो-जो दवाई आप लेते हो उस उद्योग में भी इनका पैसा लगा होता है। फिर अगली बार आप इन खर्चों से बचने के लिए *इंश्योरेंस* लेते हो जो कि यही कंपनियों के निवेश किए हुए कंपनी के द्वारा दी जाती है। उसके बाद आपको उसी टीवी/मीडिया के जरिए बताया जाता है, कि आप स्वस्थ रहने के लिए इस तरह के 'सप्लीमेंट्स' व 'फिटनेस' पर ध्यान दो। इसके लिए फलाना 'जिम' जॉइन करो। फिर आपको तरह-तरह के कपड़े भी बेचे जाते हैं, जिसमें जिम करते वक्त आप 'कूल' लगोगे। यह वही कंपनी होती है, जिनमें मल्टी नेशनल कम्पनी या बहुराष्ट्रीय कम्पनी जिसे हम शार्ट में एम.एन.सी भी कहते है, द्वारा पैसा निवेश किया होता है।

इसी तरह से यह सारा व्यापार चलता है। इस तरह की बड़ी-बड़ी कम्पनियाँ परदे के पीछे से ही काम करते है। जिसका पता आम आदमी को जल्दी नहीं चलता। क्योंकी आम आदमी को तो अपने 'काम चलने और काम होने से मतलब है'।

सरकारों का किरदार यहाँ अहम है लेकिन सरकारों को भी आय और देश में विकास चाहिए। इतना पैसा उपार्जन करना भी तो आसान नहीं। इससे लोगो तक रोज़गार भी पहुँचता है। जिससे लोग 'आयकर' भरते है। साथ ही जब वह इन सामानो को खरीदते है तब भी कर देना पड़ता है, जो विक्रेता इक्कट्ठा करता है। जिससे सरकारी खज़ाना मज़बूत होता है। सरकारों के सर पर कई तरह के कर्ज होते हैं। जिसे चुकाने के लिए 'कर' ही एकमात्र सरल उपाय है। सरकारों के अंदर अच्छे नेता होने के बावजूद भी कुछ लोगो के भ्रष्टाचार के वजह से इन कम्पनियों के द्वारा की गयी छोटी-मोटी गलती को नज़रअंदाज़ कर दिया जाता है। जब तक कि कोई

बड़ी गलती ना हो जो मीडिया/जनता में, सामने आए। जब इस तरह की गलती सामने आ जाती है तो फिर यह कम्पनियाँ कुछ पैसे मुआवजा देकर या तो देश से चली जाती है या किसी दूसरे नाम से काम करने लगती है। जिसका पता आम लोग को नहीं चलता।

कुछ समय पहले एक विख्यात कंपनी के द्वारा नूडल बनाए जाने को सरकार द्वारा *बैन* किया गया था। वह नूडल जो हम बचपन से खाते आ रहे थे। उसमें कुछ ऐसे पदार्थ पाए गए जो हमारे शरीर के लिए हानिकारक है। ऐसे ना जाने आपको कितने सारे उदाहरण पुरानी अखबारों में मिल जाएंगे।

विज्ञापन/मीडिया इत्यादि के जरिए हमें विकासशील मानसिकता रखने को कहा जाता है। पुराने सोच त्याग देने को कहा जाता है। आजकल, आपने देखा होगा की त्योहारों में मुंह मीठा, चॉकलेट से कराने की बात कही जाती है। प्यास लगने, थका हुआ रहने पर ₹120 की *एनर्जी ड्रिंक* पीने को कहा जाता है। जन्मदिन पर *फैट* से लद 'इटालियन पराठे' (पिज़्ज़ा) परोसने को कहा जाता है।

हजारों हजार सालों से महिलाएं अपने परिवार के लिए भोजन पकाती आई है। बड़ी-बड़ी कंपनियों द्वारा इनका व्यवसायिक फायदा उठाने के लिए महिलाओं को बताया जा रहा है, कि घर का काम करके वह घर के लोगो की गुलामी कर रही है। रोजगार कर पैसे कमाए। घर में उनकी इज्जत नहीं, बल्कि बाहर काम करने से आत्मनिर्भरता आएगी। यह सब सुनने में बड़ा अच्छा लगता है, लेकिन क्या वास्तव में, महिलाओं को इन कंपनियों में गुलामी नहीं कराई जा रही? इनका बॉस या *हेड क्या* हमेशा प्यार से ही इनसे बात करता है? अगर ऑफिस में बैठा बॉस इनको 10 गाली दे तो वह महान और घर में पति कुछ बोल दे तो वह शैतान? सैलरी और *इंसेंटिव* के नाम पर उनका खून पसीना निचोड़ा नहीं जाता क्या? क्या ऑफिस में काम करने वाले मर्द इनपर डोरे डालने और छेड़ खानी करने की कोशिश नहीं करते? हमारे घर के औरतों को किचन से दूर होने के लिए उकसाना भी इनकी साजिश का हिस्सा है। जिससे यह 'पैकेज्ड फ़ूड', फ़ास्ट फ़ूड इत्यादि लोगो को बेच सके। लोगों को बीमार कर दवाई बेच पैसा कमा सके। मैंने यह पहले ही कहा था की हम आम लोग है और

हम बड़ा नहीं सोच सकते। यही कारण है की हम आम बने रह जाते है और कुछ लोग हमसे मुनाफा लेकर बड़े बन जाते है।

याद है जब अंग्रेज़ हमारे देश आए थे तो उन्होंने क्या किया था? उन्होंने हमारे रीती-रिवाज़, शिक्षा, पहनावा से लेकर खान- पान तक सब बदलना चाहा, उन्हें निचा दिखाया। क्या आज भी यह छोटे- बड़े पैमाने पर 'मॉडर्न' शब्द का ठप्पा लगाकर नहीं हो रहा? क्या पश्चिमी देशो में बैठे लोग हमारे अर्थव्यवस्था को नियंत्रित नहीं कर रहे?

पश्चिमी देशों में महिलाएं बाहर काम इसलिए करती है क्योंकि वहां की आबादी हमारी जितनी बड़ी नहीं है। जिससे 'वर्क फोर्स' की जरूरत अधिक पड़ती है। वहां पर 'पेट्रोल पंप' पर भी पेट्रोल देने के लिए कोई अटेंडेंट जल्दी नहीं मिलता। घर झाड़ू पोछा करने के लिए भी कोई नहीं होता और अगर होता भी है तो वह बहुत ज्यादा पैसे लेते हैं। इसकी वजह से उनको बाहर के देशों से लोग भी मंगाने पढ़ते हैं। दूसरा एक और कारण है कि वहां महिलाओं की और पुरुषों की आबादी 'सेक्स रेश्यो' या तो बराबर है, बहुत सामान्य अंतर है या पुरुषों से ज्यादा है। इसलिए महिलाएं और पुरुष बराबर स्तर पर काम करते हैं। जबकि हमारे यहाँ लिंगानुपात ऐसा नहीं है, लेकिन अब धीरे-धीरे सुधर रहा है।

मेरी एक बार एक कैनेडियन महिला से बात हुई जो मेरे एक रिश्तेदार के घर में आई हुई थी। उनसे मैंने पूछा कि हमारे भारत की महिलाओं की कार्य प्रणाली व दिनचर्या और पश्चिमी देशों की महिलाओं में क्या अंतर, वह महसूस करती हैं?

उन्होंने इसपर कहा 'काम करने से लड़कियों को वित्तीय सुरक्षा का एहसास होता है, आत्मविश्वास में वृद्धि होती है, सकारात्मक ऊर्जा मिलती है, लेकिन हर चीज का पॉजिटिव और नेगेटिव इफेक्ट होता है। कई बार ऑफिस में टीजिंग का सामना महिलाओं को करना पड़ता है, लव अफेयर्स भी होते है, समय के साथ काम और सैलरी दोनों बढ़ता है और जिम्मेदारियां भी। साथ-साथ स्ट्रेस भी बढ़ता है। पीरियड्स के दिनों में बेहद तकलीफ होती है, फोकस नहीं कर पते। स्ट्रेस कम करने के लिए हमे अल्कोहल का सहारा भी लेना पड़ता है बार्स, पब्स, क्लब्स इत्यादि में जाना पड़ता है। ताकि हम अपने पैसो से कुछ अच्छे पल बिता सके।

अपने दोस्तों के साथ बिना किसी काम की चिंता के'।

'इंडियन ट्रेडीशन में महिलाएं शादी के बाद अपने पति और उसके परिवार की जिम्मेदारियां उठाती है। उसके पति, घर का खर्च उठाते हैं। जो कि बेहद इंटरेस्टिंग हैं। महिलाओं के लिए यह एक लाइफ टाइम जॉब सिक्योरिटी की तरह है। जो महिलाओं को बिना वेतन के करना पड़ता है। उनको लगता है जो वह काम कर रही है, वह काम है ही नहीं क्योंकि घर के काम से कोई 'इनकम' जनरेट नहीं हो रही है। लेकिन ऐसा नहीं है अगर यही काम करने के लिए आप किसी को 'हायर' करते हैं तो आपको अपनी सैलरी का बड़ा हिस्सा देना पड़ेगा, अट लीस्ट इन कनाडा' यह कह कर हंसने लगी।

यह तो साफ़ है की हमारे घर की बहु-बेटियों को एक खूबसूरत सपना दिखा के ये कम्पनियाँ अपने लिए काम करा रही है। उनका खून पसीना निचोड़ के खुद मुनाफा लपेट रही है। बदले में उनको एक छोटी सी रकम दे दी जाती है ताकि उनका मन फुसला रहे। अपने घर परिवार से जयदा ध्यान कंपनी के काम में लगाए।

महिलाएं घर की 'मंत्री' होती है और उनके पास अपने घर का कई सारा विभाग होता है। जो वह अकेले संभालती है। जिनमे एक 'स्वस्थ मंत्रालय' भी है। यही कारण है की मैंने इतनी सारी बातें आपको बताई।

आजकल की महिलाए अपने बच्चों को जल्दी बनने वाले *नूडल्स* खिलाती है, उनको कई तरह के फ़ास्ट फ़ूड परोसती है व खुद भी इनका सेवन करती है क्योंकी टूशन, स्कूल से बच्चे के पास भी वक़्त नहीं होता खाने के लिए और माँओ को भी काम की जल्दी होती है। ऐसे बच्चे 20-25 वर्ष तक आते-आते कमज़ोर हो जाते है। उनमे कई तरह की बीमारियां उत्पन्न होने लगती है।

अब सवाल ये भी उठता है की पुरुष किचन का काम क्यों न देखे? ऐसा नहीं है की लड़के खाना नहीं पका सकते। अगर आप देखे दुनिया के मशहूर बावर्ची लड़के ही है। मैं एक लड़का हूँ और 8 वर्ष की उम्र से रसोई में छोटे-मोटे काम करना सीखा हूँ, उस वक़्त मेरी माता जी काहर्निया का *ऑपरेशन* हुआ था। । जरुरत पड़ने पर अपने परिवार के लिए भोजन पका सकता हूँ। लड़को को रसोई में काम करने के लिए कहना, सिर्फ एक

एजेंडा है जो दो लिंगो को आपस में लड़ा कर तीसरे के द्वारा फ़ायदा लेने का। ऐसा है, की प्राचीन काल से यह चला आ रहा है की पुरुष शिकार कर लकड़ियाँ इकठी कर लता है और महिलाएं बच्चों को सम्हालती है। घर के बुजुर्गा का ख्याल रखती है और भोजन को तैयार करती है।

पुरुष की प्रकृति ही लड़ने, अपने परिवार का ख़ुराक की वयवस्था व अपने परिवार की रक्षा करने के लिए बना है। भले ही इसके लिए उससे कितना भी खून-पसीना बहाना पड़े। महिलाओ की प्रविर्ती में ममता, त्याग, स्नेह, मोह, सौम्यता, दया इत्यादि भाव देखने को मिलती है। यहाँ पर गलती पुरुषो ने यह की, महिलाओ के जो काम थे जैसे खाना पकाना, घर का ख्याल रखना इत्यादि इनको छोटा काम बताया गया। उनको निचा दिखाया गया। अपने बल का गलत प्रायोग कर उनपर अत्याचार हुए। इसी का फ़ायदा इस समय की यह कम्पनियाँ उठा रही है। ऐसा बताया जा रह है की बिना कमाई के महिलाओ की घर में कोई इज़्ज़त नहीं इसलिए आज उनको खाना पकाना 'वेस्ट ऑफ़ टाइम', 'थैंकलेस जॉब', 'कुकिंग इस स्कैम' इत्यादि लगता है। क्योकि इनका भी 'माइंडप्रोग्राम' हो चूका है। इसके जिम्मेदार खुद पुरुष है।

महिलाओं को अपने विभाग में पुरे सम्मान के साथ लौटने के लिए फिर से प्रेरित करना होगा ताकि वह उसी तरह आने वाले पीढ़ियों की जिम्मेदारी उठाई जैसे हमारे दादी-नानी ने उठाए और अपनी जिम्मेदारियां अच्छे तरीके से निभाए। आने वाली नस्लों को सही आहार देकर पहले की ही तरह बलिष्ट एवंम निरोग बनाएं।

अब सवाल एक और है कि उस सम्मोहन से कैसे बचे जो यह विज्ञापन और वीडियोस के जरिए फैलाया जा रहा है? 'माइंड प्रोग्रामिंग' को तोड़कर बहार कैसे निकले? इसके लिए आपको सबसे पहले तो यह समझना होगा कि यह जाल बना कैसे हैं? जिसमें इसे तोड़ने का उपाय भी है।

व्यक्तिगत रूप से मैंने कुछ निम्नलिखित बातें बताने जा रहा हूं जो आप अपने स्वस्थ को बचाने के लिए अपने जीवन में आजमां सकते हैं।

1) 'पैकेज 'रेडी टू ईट' 'रेडी टो कुक' तरह के व्यंजनों को खाने से परहेज करें। बहुत जरूरत पड़ने पर सेवन करे। इसमें कई तरह के

प्रिजर्वेटिव्स व कई ऐसी सामग्री होती है, जो हमारे स्वास्थ्य के लिए अच्छा नहीं।

2) किसी जिम या फिटनेस प्रोग्राम ज्वाइन करने से पहले सोचे, कि आप यह क्यों करना चाहते हैं? आपको सलाह कौन दे रहा है? इसके फायदे क्या होंगे? इसके लिए आपको कितनी कीमत देनी होगी? वास्तव में कितने व्यक्तियों को इससे लाभ हुआ ?

3) खाना पकाने या खाने वाले वीडियोस कम देखें जिससे आपका लेप्टिन, घ्रेलिन हॉर्मोनस बेहवजह *ट्रिगर* नहीं होंगे। जिससे आपको भूख में कमी या बहुत ज्यादा भूख लगना जैसी परिस्थितियों का सामना नहीं करना पड़ेगा। यह ठीक उसी तरह है जैसे किसी धूम्रपान करते हुए व्यक्ति को देखकर, दूसरा व्यक्ति जो धूम्रपान करता है। उसको धूम्रपान करने की तलब लगती है।

4) खाने में कम मात्रा में वसा या *फैट* का इस्तेमाल करें। जैसे चीज, घी, बटर। साथ ही 'रेडीमेड' मसाले ज्यादा उपयोग ना करें।

5) कोई भी सप्लीमेंट लेने से पहले पता करे यह किन चीजों में प्राकृतिक रूप से पाया जाता है। प्राकृतिक रूप से ही पाए जाने वाले फल, सब्जी, जड़ी बूटी इत्यादि का प्रयोग करने की कोशिश करें। सप्लीमेंट लेने से पहले डॉक्टरी सलाह परामर्श जरूर ले। डॉक्टर के कहने पर ही इनका सेवन करे।

6) जो भी खाएं ताज़ा खाएं और बासी, फ्रिज वगैरह मे रखा खाने का प्रयोग कमी करें

7) खाने में मिलावट आजकल के दिन में काफी आम बात हो गई है और इससे बचने के लिए बेहद सतर्क रहें। अपने जीभ, आँख व नाक का प्रयोग खाना खाते वक्त जरूर करें। अगर आपको संदेह हो तो आपको खाद्य से सम्बंधित जाँच एजेंसी को इसकी खबर देनी चाहिए या सीधे तरीके से उस जगह से खाना खाने से बच सकते हैं।

8) आकर्षक विज्ञापन और पैकेजिंग को देख कर किसी चीज को ना खरीदें। बल्कि उनकी गुणवत्ता और *न्यूट्रीशनल वैल्यू* जो उनके लेबल पर होता है, उन्हें देखकर और अपने स्वास्थ्य पर उनके पड़ने वाले असर को देखकर ही खरीदें।

9) बाहर का खाना जितना हो सके परहेज करें। इनमे कई तरह की चीजों का आपको पता नहीं होता जैसे सामग्रियों की ताजगी, तेल कितनी बार उपयोग हुआ है, जिस बर्तन में परोसा जा रहा है, उसकी स्वच्छता, उन्हें पकाते वक़्त हाथों की स्वच्छता इत्यादि।

10) *'शुगरई कार्बोनेटेड ड्रिंक्स'* जो हम गर्मियों में बहुत पिया करते हैं। हमारे स्वास्थ्य के लिए बिल्कुल भी अच्छा नहीं। यह हमारे दांतो को भी नुकसान पहुंचाता है। साथ हमें मधुमेह जैसी बीमारियों से ग्रसित करने की क्षमता भी रखता है। साथी छोटे-मोटे गला खराब, वजन बढ़ना इत्यादि भी शामिल है। इसलिए इनका उपयोग भी कम से कम करें और जो प्राकृतिक रूप से मौजूद है जैसे नारियल पानी, नींबू पानी, जलजीरा, ताज़े फलों का रस का सेवन करें।

यह तो थी कुछ 10 बाते जिनका ध्यान आप अगर रखें तो कई सारे स्वास्थ्य संबंधी परेशानियों से आप बचे रहेंगे। जिससे आपके पैसे भी बचेंगे। क्योंकि आपको डॉक्टर के पास कम जाना पड़ेगा और दवा भी कम लेनी पड़ेगी।

यहां पर मैं 'मनोहर आईच' जी का जिक्र करना चाहूंगा। जिनको पॉकेट हरक्यूलिस भी कहा जाता है। जो हमारे भारत के प्रसिद्ध बॉडीबिल्डर रहे हैं। मनोहर जी का जन्म 1912 में हुआ। वह काफी गरीब परिवार से थे। उन्होंने 'रॉयल एयर फोर्स' में भी काम किया था। जहां उनकी रूचि बॉडी बिल्डिंग में हुई। लेकिन वहां पर एक ब्रिटिश को मारने की वजह से उन्हें एयर फोर्स की नौकरी छोड़ जेल जाना पड़ा। 1950 में जब उनकी उम्र 38 साल थी। उन्होंने 'मिस्टर हरक्यूलिस' खिताब अपने नाम किया। फिर दूसरे ही साल 'मिस्टर यूनिवर्स' बने। जो उस वक्त एक हिंदुस्तानी के लिए बड़े ही गर्व की बात थी। आप सोच रहे होंगे कि मैं इनकी बात क्यों आपको बता रहा हूं तो यह समझ लीजिए कि यह वह व्यक्ति हैं, जिन्होंने कभी सप्लीमेंट वगेरा नहीं लिया। इसके बावजूद भी इन्होंने अपने शरीर को तंदुरुस्त रखा और दुनिया भर में अपना और अपने देश का नाम रोशन किया। तो इससे आप प्रेरणा ले सकते हैं कि अगर सही 'डाइट' आपको मिले और सही कसरत करें तो आप एक अच्छे शरीर का निर्माण कर सकते हैं। जरूरी नहीं इसके लिए आपको सप्लीमेंट

इत्यादि लेना पड़े या इसके लिए यह भी जरूरी नहीं कि आपके पास बहुत सारा पैसा होना चाहिए। बस सही और ताजा खाना खाने से ही कई सारे रोग दूर रहेंगे और कसरत करने से वह खाना आपके शरीर को लगेगा।

फैसला आपका है कि आप अपने 'माइंड प्रोग्रामिंग'के जंजीरों को तोड़ कर बाहर निकल पाते हैं या जैसा चल रहा , वैसा चलता रहे। पैसे आपके, शरीर आपका, सोच भी आपकी खुद की होनी चाहिए। अगर आपका शरीर स्वस्थ है, तो आप सबसे धनी हैं, क्योंकि कई ऐसे लोग हैं, जिनके पास बहुत पैसा है, लेकिन स्वास्थ्य नहीं। ठीक से खाना पचा नहीं सकते। शरीर में दर्द रहता है, ठीक से देख नहीं सकते और ना जाने क्या-क्या। दवाइयों में पैसे खर्च होते हैं। हमें प्रकृति और अपनी जिंदगी के बीच सही संतुलन बनाना पड़ेगा तभी हम एक स्वस्थ व समृद्ध जीवन की ओर बढ़ सकते हैं।

<u>संक्षेप</u>

- जिस तरह हमारे बाहरी अंगो की साफ-सफाई या हिफाज़त जरुरी है उसी तरह हमारे शरीर के भीतर के आंगो का भी ख्याल रखना है।
- झूठे और उकसाने वाले विज्ञापन के झांसे में नहीं आना है।
- फिटनेस से सम्बंधित प्रोडक्ट्स का इस्तेमाल बेहद सम्हाल कर डॉक्टरी सलाह के साथ करना है। साथ ही नकली प्रोडक्ट्स का भी धयान रखना है, जो कम पैसो में हमे दिया जाता है।
- सोशल मीडिया में दिखाए जा रहे व्यंजन से सम्बंधित वीडियोस का देखना कम करना है।
- पैकेज्ड एवं फ़ास्ट फ़ूड का प्रयोग कम से काम करना है।
- महिलाओं को अपने विभाग में लौटने के लिए फिर से प्रेरित करना होगा।

8

भेड़ की खाल में भेड़िया

"आपका सबसे बड़ा शत्रु आपका मित्र बन सकता है और सबसे अच्छा मित्र शत्रु!

- बॉब मार्ले"

इस दुनिया में हमारे जिस प्रकार मित्र हैं, उसी प्रकार शत्रु भी है। किसी-किसी के तो मित्र से ज्यादा शत्रु होते हैं। मित्र बनाना अधिकतर समय हमारे हाथ में होता है। जैसे हम पहले पढ़ चुके हैं, लेकिन शत्रु बनाना हमारे हाथ में नहीं होता। आपकी कौन सी बात का कौन बुरा मानेगा और कौन आपकी तरक्की देखकर जलेगा। इस पर आपका कोई वश नहीं। किसी को आपका सच की राह पर चलना पसंद नहीं, अगर इससे उसका नुकसान है, तो वह आपका शत्रु बन जाएगा। जबकि आप तो अपनी जगह सही है। सच का साथ दे रहे हैं। यह शत्रु हमारे जीवन में छोटे- बड़े हर तरह की समस्याएं उत्पन्न करते हैं। आप कहीं कार्य करते हो या पढ़ाई करते हो। आपके शत्रु बनना निश्चित है।

आचार्य चाणक्य, के अनुसार शत्रु दो प्रकार के होते हैं :-

1. जो दिखाई दे।
2. जो दिखाई नहीं दे।

पहले प्रकार वाले शत्रु को तो हम आसानी से पहचान लेते हैं। लेकिन दूसरे प्रकार वाले शत्रु को ढूंढना ही हमारे लिए दिक्कत वाली बात हो जाती है। हम जीवन में इतनी सारी उलझन में उलझे रहते हैं कि कौन हमारे पीठ में वार कर रहा है। इसका हमें खबर ही नहीं हो पाता। वैसे दूसरे प्रकार यानी जो दिखाई ना दे, इसके भी दो प्रकार होते हैं :- (क) ग्रह शत्रु और (ख) मन का शत्रु, जैसे प्रवाह तालिका में दर्शाया गया है। इस अध्याय में हम देखेंगे कि कैसे शत्रु को मात दिया जाए। चाहे वह घर का शत्रु हो या बाहर का। अपने जज्बात और क्रोध पर कैसे काबू पाया जाए, ताकि शत्रु हमारे प्रतिक्रिया और हमारी गलतियों का फायदा ना उठा सके।

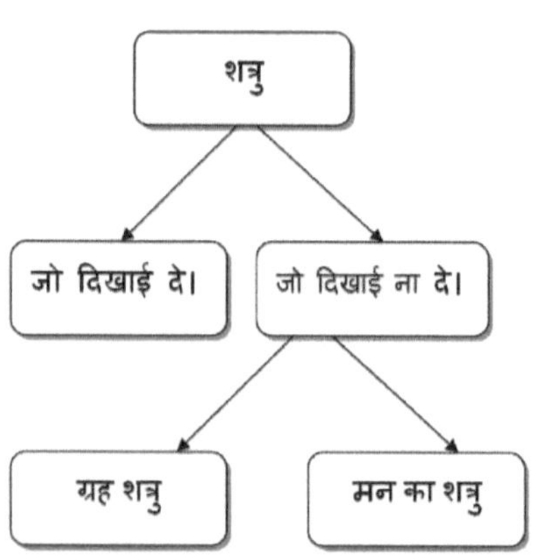

शत्रु के प्रकार

शत्रु को हराने के लिए हमें सबसे पहले जानना होगा कि शत्रु उत्पन्न कैसे होते हैं। सबके अंदर अपना 'मन' होता है, अपनी 'चेतना' होती

है। जब वह मान, चेतना, नकारात्मक भावो से लिप्त हो जाती है जैसे डर, ईर्ष्या, क्रोध, लालच, हवस, आलस, बदला, अहंकार, असुरक्षा, धोखेबाज़ी, तो जब वह मन दूसरों के सकारात्मक ऊर्जा वाले मन के प्रभाव में आने से टकराता है।

(यह भौतिक विज्ञान, फिजिक्स के 'चार्ज' वाले सिद्धांत जैसा नहीं की 'नेगेटिव चार्ज' और 'पॉजिटिव चार्ज' एक दूसरे से आकर्षित होते है। और एक जैसे चार्ज वाले कण एक दूसरे से दूर भागते है।) फिर नकारात्मक ऊर्जा जिस व्यक्ति में होती है, वह सकारात्मक ऊर्जा वाले व्यक्ति का शत्रु बन जाता है। विचारों का टकराव पैदा होता है। यह कुछ इस तरह होता है कि जैसे एक म्यान में दो तलवार नहीं रह सकते। जैसे दूसरों की मदद करने वाला व्यक्ति, दूसरों की क्षति पहुंचाने वाले व्यक्ति के साथ नहीं रह सकता।

आपने देखा होगा कि कोई व्यक्ति किसी दूसरे व्यक्ति पर अधिक क्रोधित है और अगर दूसरा व्यक्ति उसकी बातें शांत मन से सुन रहा है, उसके चेहरे पर हल्की मुस्कान हैं। इस तरह के परिस्थिति में आप देखोगे कि जो व्यक्ति अधिक क्रोधित था, वह कुछ समय बाद थक जाता है। उसकी नकारात्मक ऊर्जा धीरे-धीरे कम होने लगती है। इसके विपरीत अगर दोनों गुस्से में आ जाएं और एक दूसरे पर प्रहार करें या चिल्लाए तो माहौल और बिगड़ जाता है। नकारात्मक ऊर्जा को और अधिक बल मिलने लगेगा। इसका मतलब यह नहीं की आप पर कोई जुल्म करे और आप चुप-चाप सहो। आप कानून एवं उचित कदम उठा उस व्यक्ति से दूर रह सकते हो और खुद को बचा सकते हो।

कभी आप देखोगे किसी ने आप का मजाक बनाया और आपको तब तक चैन नहीं आता जब तक आप उसका मजाक उसी तरह ना बना दो, जिस तरह उसने आप का मजाक बनाया। तो या 'बदले' का भाव ही आपके 'मन का शत्रु' है।

बड़े-बड़े *स्टिंग ऑपरेशन* में देखा गया है (जिसमें खुफिया कैमरा छिपाकर किसी की बात या गतिविधि रिकॉर्ड कर ली जाती है), 'हनी ट्रैप' का इस्तेमाल किया जाता है। जिसमें किसी खूबसूरत लड़की/ लड़के को किसी व्यक्ति विशेष के शत्रु द्वारा भेजा जाता। वह उसे प्रेम

जाल में फँसा के उसकी खुफिया जानकारी निकल लेता है। उसके साथ आपत्तिजनक तस्वीरें लेकर उससे वहकार्य कराया जाता है, जो उसका शत्रु चाहता है। इससे पता चलता है कि 'हवस' हमारे मन का शत्रु है।

गृह शत्रु भी ऐसे ही बनते हैं। आपने किसी रिश्तेदार को उतना महत्व नहीं दिया, जितनी उसे आप से उम्मीद थी। या किसी बात को लेकर आपने किसी अपने को अपमान किया। किसी रिश्तेदार से जबरन अपना हक मांगा। किसी का हक नहीं दिया। किसी रिश्तेदार के गलत मांग से सहमत नहीं हुए। तो ऐसे में ग्रह शत्रु उत्पन्न होते हैं।

हमें बाहर के शत्रु या गृह शत्रु से लड़ने से पहले। अपने 'मन के शत्रु' से पहले निपटना होगा और खत्म करना होगा। क्योंकि यही शत्रु बाहर और गृह शत्रु से मिलकर हमारे लिए तबाही का काम करते हैं और यही हमारे शत्रुओं की ताकत बन जाती है।

उदाहरण के तौर पर आपके मित्र ने कोई अच्छा काम किया, लेकिन आपने उस काम की सराहना करने के बजाए, उसे यह कहकर नीचा दिखाया कि आप इस काम को उससे बेहतर कर सकते हैं। आपके सामने उसकी कोई औकात नहीं है। यह छोटा सा काम करके वह महान बनना चाहता है इत्यादि। तो यह 'अहंकार'आपके मन का शत्रु है। जो आपके दोस्त को ग्रह शत्रु बनने के लिए प्रेरित कर रहा है।

मेरे कॉलेज में एक सहपाठी हुआ करता था। कॉलेज के वक्त में वह दारू पीकर दूसरों को गाली, वह अभद्र भाषा का प्रयोग करता था। जिससे कोई उसे पसंद नहीं करता था। लेकिन लोग उससे डरते भी थे, कि कहीं नशे में वो किसी को चोट ना पहुंचा दें। उसे लगता था, कि लोग उसे सम्मान करते हैं। असल में लोग उससे डरते थे और पीठ पीछे उसकी बुराई, गालियां दिया करते थे। जिन्हें वह मित्र समझता था, वह भी उनके शत्रु ही थे।

यही कारण है कि पहले के जमाने में राजा रजवाड़े, बड़ी शक्तिशाली सेना होने के बावजूद भी युद्ध हार जाते थे। क्योंकि उनके कुछ ग्रह शत्रु होते थे। जो उनके स्वभाव, अहंकार के वजह से या उनके हक मारने की वजह से उन्हें पसंद नहीं करते थे। उनके भेद दुश्मन के सामने खोल देते थे। इससे हमें ज्ञात होता है कि मन के शत्रु को सबसे पहले हराना कितना

जरूरी है। इसे हराने के लिए हमें किसी की सहायता की जरूरत नहीं, बल्कि खुद को काबू में रखने की जरूरत है। ताकि यह हमें इनके अनुसार ना चला सके।

अपने देखा होगा कुछ लोगो को किसी ख़ास चीज से 'एलर्जी' होती है। किसी व्यक्ति को एलर्जी तब होती है, जब उसकी प्रतिरक्षा प्रणाली (इम्यून सिस्टम) यह विश्वास करता है, कि उसके संपर्क में जो चीज आया है, वह शरीर के लिए हानिकारक या नुकसान पंहुचा सकता है। इसके बाद शरीर अपनी प्रतिकृया करता है। जिससे उस चीज से निजात पाया जा सके। ठीक इसी तरह जब हम ऐसे व्यक्ति के संपर्क में आते है, तब हमारा दिल और दिमाग भी हमे, यह संकेत देता है की यह व्यक्ति 'अच्छा' नहीं। लेकिन हमारे स्वार्थ या फिर अच्छे बनने के चक्कर में हम अपने मन के अंदर उठ रहे विचार को दबा देते है। आप अगर ध्यान दे, तो आगे चलकर, ऐसा ही व्यक्ति आपको नुकसान पहुंचते है।

गलत इंसान के संपर्क में आने पर मन में उठे इस तूफान को 'स्वाभाविक प्रवृति' या 'इंस्टिंक्ट' कहते है। अपने देखा होगा की जानवरो को अपने अस पास खतरा महसूस होने के बाद भी वह खतरों में (शिकारी के बिछाये जाल) में फँस जाते है, क्योकि उनके अंदर 'स्वाभाविक प्रवृति' होने के बावजूद भी, अपने भूख और भोजन को वह ज्यादा महत्वा देते है। हम इंसान इसलिए उनका शिकार कर पते है। हम इंसानो की 'स्वाभाविक प्रवृति' हमें जानवरो से ऊपर रखती है। हम अपनी इच्छाओ पर काबू कर सकते है। यह 'स्वाभाविक प्रवृति' हम इंसानो के अंदर लाखों सालो के परिवर्तन, खतरों और अनुभव से पीढ़ी-दर-पीढ़ी बन कर तैयार हुआ है। जिनमे खतरनाक जानवर से लड़ना, लोगो से युद्ध लड़ना, धोखा पाना, खुद को मुश्किल परिस्थिति से निकलना शामिल है। ये हमारा 'इंस्टिंक्ट' ही है, जो हमें जिन्दा रह कर अपने परेशानियों से लड़ने का रास्ता दिखता है।

मेरी मोटरसाइकिल यात्रा के दौरान में एक देश घुमा, जिसका नाम है 'भूटान'। मेरे हिसाब से यह एक ऐसा देश है जहां मन के शत्रु पर आम लोगों ने विजय पा लिया है। जिस कारण लोग जहां बेहद खुशी से अपना जीवन यापन करते हैं। भले ही उनके पास बहुत पैसा ना हो, जंगल से

जलावन के लिए लकड़ी काटकर लानी पढ़ती हो। लेकिन चोरी-डकैती जैसे कार्य यह नहीं करते। एक खूबसूरत वाक्य मेरे साथ तब हुआ, जब मैं भूटान की राजधानी 'थिंपू' में था। जब हम होटल से निकलने वाले थे, तो मेरे 'जैकेट' से मेरा 'पर्स' बाइक में सामान बांधते वक्त गिर गया। जिसका मुझे पता नहीं चला। मैं दोबारा होटल गया नाश्ता किया और फिर जब मैं वापस उसी जगह पर आया, तो मेरा पर्स उसी जगह पड़ा था। भीड़-भाड़ वाली जगह होने के बावजूद भी, किसी ने उससे एक पैसा भी नहीं निकाला। जबकि उसमें करीब-करीब 4000 नगूलट्रम थे।

आपको यह इत्तेफाक लग सकता है लेकिन एक और वाक्य जो मेरे साथ हुआ, जब मैं वहां के 'जोंग' जो पहले के जमाने में '*एडमिनिस्ट्रेटिव बिल्डिंग*' हुआ करता था। वहां घूम रहा था। वहां एक बूढ़ी औरत सेब बेच रही थी। उसने मुझे बुलाया मुझे लगा कि वह मुझे सेब खरीदने के लिए कह रही है। उन्होंने इशारे से हाथ बढ़ाने को कहा और मुझे एक सेब थमा दिया। फिर मैंने वह दोस्तों को भी दिया। मैंने उन्हें पैसे देने चाहे लिखें लेकिन उन्होंने मना कर दिया।

यह बुजुर्ग महिला का दिल कितना उदार है। इससे मुझे एहसास हुआ कि शायद यही वजह है लोग यहां इतने खुश रहते हैं। यहां '*क्राइम रेट*' भी दुनिया में सबसे कम है। यहां के लोग अपने मन के शत्रु पर विजय प्राप्त कर चुके हैं। अपने चीजों को एक दूसरे से मिल बांटकर इस्तेमाल करते हैं, वह खुश रहते हैं। ट्रैफिक सिग्नल ना होने के बावजूद भी लोग धैर्य से गाड़ी चलते है और कभी जाम नहीं लगता। सबसे बड़ी बात यहाँ के लोग अपनी संस्कृति से जुड़े है।

सवाल यह है कि हम कैसे अपने मन के शत्रु पर विजय प्राप्त करें?

जिस तरह आग को हवा मिलती रहे या कहे तो हवा में मौजूद *ऑक्सीजन* मिलता रहे तो वह जलती रहती है। रेत, पानी, कम्बल इत्यादि के प्रयोग से संपर्क काटने पर आग बूझ जाती है। उसी तरह हमारे मन के शत्रु को ताकत हमारे नकारात्मक ऊर्जा से मिलती है, जिसका श्रोत नकारात्मक खबरें, फिल्में (जो मन में घृणा, क्रोध, आक्रोश, हिंसा, हवस भरे), नकारात्मक व्यक्ति, सट्टेबाजी, नशा (जिससे हम अपने जीवन के सिद्धांतों और मूल्यों को भूल जाते हैं)

इत्यादि हैं। इन चीजों से हमे अपने आप को दूर करना होगा। तभी मन के शत्रुओं को नकारात्मक ऊर्जा से ताकत मिलना बंद हो जाएगा। धीरे-धीरे मन के शत्रु अपने आप काम हो जायेँगे।

'मन का शत्रु', हमारे मन से निकलने के बाद दोबारा हमारे मन में प्रवेश न करे इसके लिए हमें 'सिक्योरिटी गार्ड' तैनात करने होंगे। मतलब हमारे मन में एक 'डिफेंस मेकैनिज्म' को बनाना पड़ेगा।

- इसके लिए हमें ऐसे व्यक्तियों के साथ रहना चाहिए, जिनसे हमें अच्छा कार्य करने की प्रेरणा मिलती रहे। अगर हम कुछ बुरा करते हैं तो वह हमारी गलतियों को समझ कर, हमें उसके दुष्प्रभाव के बारे में बताएं, हमें गलतियों को करने से रोके। ऐसे लोग जिनके साथ रहने से हमारा मन प्रसन्न रहें। मन में कोई 'कु' विचार ना आए।
- अपने शरीर को स्वस्थ रखें और नियमित रूप से व्यायाम करें। स्वस्थ शरीर में ही स्वस्थ मन का वास होता है। इसके वैज्ञानिक प्रमाण है, कि मध्यम तीव्रता से व्यायाम करने पर नकारात्मक मानसिकता में कमी आती है।
- भोजन में भी अधिक ध्यान देने की जरूरत है। जैसे मांसाहार अधिक ना करें अधिक मांसाहार करने से चिड़चिड़ापन, तनाव इत्यादि उत्पन्न हो सकता है।
- अपने जीवन में कुछ सिद्धांत बनाएं जैसे - अत्यंत जरूरत ना पड़ने पर झूठ ना बोलना, अपने वादों को पूरा करना, लोगों से इज्जत से बात करना चाहे वह किसी भी तबके के हो, अपने अंदर सकारात्मक ऊर्जा रखना और उसके श्रोत बढ़ाना, खुद की बड़ाई ना करना, दूसरों को नीचा ना दिखाना, अपनी गलती को स्वीकार करना इत्यादि।

यह कुछ सिद्धांत जीवन में आपको लेने होंगे जो किसी 'सिक्योरिटी गार्ड' की तरह आपके 'मन के शत्रु' को मन में प्रवेश करने से रोकेंगे और 'नजर आने वाले शत्रु' भी कम बनेंगे।

यह तो थी मन के शत्रु की बात। अब बाहर के शत्रु को कैसे निपटाए, इसके बारे में थोड़ी बात कर लेते हैं। देखिए, अगर आप मन के शत्रु पर

काबू पा लेते हैं, तो बाहर के शत्रु आपका बहुत अधिक नुकसान नहीं पहुंचा सकते। फिर भी आपको उनके गतिविधियों पर नजर बनाए रखनी है। ताकि आप उनके हमले से बच सकें। आपको हमेशा उनके हमले का जवाब और बचने का तरीका हमेशा तैयार रखना चाहिए। आपको कम से कम इस बात का अंदाजा हो कि वह हमला कब कर सकता है, कैसे और कितना नुकसान पहुंचने की उसमे छमता है। अब यह हमला शारीरिक, मानसिक और आर्थिक कोई भी हो सकता है। आपकी जो संवेदनशील बिंदु है, उन पर ध्यान देने की ज्यादा जरूरत है या आपकी जो कमजोरियां हैं, उनको आपको दूर करने की कोशिश करनी है। जिससे शत्रु, इनका इस्तेमाल आप के खिलाफ ना कर सके।

अपने शत्रु को मन में कभी हावी नहीं होने देना है। अगर वह आपके मन में हावी हो गया तो वह आपको हराने में, उसे देर नहीं होगी।

अपने भेदों को दूसरों तक उतना ही खोलें, जितना बाद में आपके लिए परशानी ना बने। जिनके सामने आज आप भेद खोल रहे हैं, वही कल आपके शत्रु से मिलकर आपका नाश करने की क्षमता रखते है।

शत्रु हमारे जीवन की खुशी, सुख-चैन, छीनने में देरी नहीं लगाते और उन में सेंध लगाने के लिए हमेशा तैयार रहते हैं। जिससे हमारा मानसिक शांति छिन जाता है। हम अपने जीवन को अपने हिसाब से जी नहीं पाते। फिर उस मेहनत का कोई मतलब नहीं रहता जो हम अपने जीवन को सुखमय बनाने के लिए करते है। उम्मीद है इस अध्याय में बताई बातें आपके जीवन में शत्रुओं को कम करने और मौजूदा शत्रुओं से लड़ने के लिए कुछ ना कुछ सहायता जरुर करेंगे।

<u>संक्षेप</u>

- आपके शत्रु बनना निश्चित है।
- आचार्य चाणक्य, के अनुसार शत्रु दो प्रकार के होते हैं i) जो दिखाई दे। ii) जो दिखाई नहीं दे।
- हमें बाहर के शत्रु या गृह शत्रु से लड़ने से पहले। अपने 'मन के शत्रु' से पहले निपटना होगा और खत्म करना होगा। क्योंकि यही शत्रु बाहर और गृह शत्रु से मिलकर हमारे लिए तबाही का काम करते हैं और यही हमारे शत्रुओं की ताकत बन जाती है।
- 'स्वाभाविक प्रवृति' हम इंसानो के अंदर लाखों सालो के परिवर्तन, खतरों और अनुभव से पीढ़ी-दर-पीढ़ी बन कर तैयार हुआ है। जिनमे खतरनाक जानवर से लड़ना, लोगो से युद्ध लड़ना, धोखा पाना, खुद को मुश्किल परिस्थिति से निकलना शामिल है। ये हमारा 'इंस्टिंक्ट' ही है, जो हमें जिन्दा रह कर अपने परेशानियों से लड़ने का रास्ता दिखता है।
- मन के शत्रु को ताकत हमारे नकारात्मक ऊर्जा से मिलती है।
- 'मन का शत्रु', हमारे मन से निकलने के बाद दोबारा हमारे मन में प्रवेश न करे इसके लिए हमें *'सिक्योरिटी गार्ड'*तैनात करने होंगे। मतलब हमारे मन में एक 'डिफेंस मेकैनिज्म' को बनाना पड़ेगा।
- अपने भेदों को दूसरों तक उतना ही खोलें, जितना बाद में आपके लिए परशानी ना बने। जिनके सामने आज आप भेद खोल रहे हैं, वही कल आपके शत्रु से मिलकर आपका नाश करने की क्षमता रखते है।

९

तोड़-जोड़ की दुनिया

"जब महत्वाकांक्षा हाथ से निकल जाती है, तो हम दूसरों द्वारा की गई 'मैनिपुलेशन' की चपेट में आ जाते हैं।

- कीथ कैम्पबेल"

कुछ लोग खुद को सफल दिखाने के लिए किसी भी हद तक जा सकते हैं। ताकि समाज उन्हें सर्वश्रेष्ठ श्रेणी में रखे और उन्हें मान सम्मान, ख्याति प्राप्त होती रहे। यह लोग अपनी झूठी सफलता का चकाचौंध दिखाकर, ऐसे लोगों का आकर्षित करते हैं। जो सफल होने की होड़ में दौड़ रहे हैं। जिन्हे शॉर्टकट की तलाश होती है। यह इन्हें अपने जाल में फंसा लेते हैं। ठीक उसी तरह जैसे मछुआरा मछली पकड़ने के लिए चारे का इस्तेमाल कर मछली पकड़ता है। लेकिन यहाँ लोग इनके लिए चारा होते हैं और मछली तो इन सीधे-साधे लोगों की जेब में रखा 'धन' होता है।

आप जब *सोशल मीडिया* खोलते हैं, तो इस तरह के लोग आपको नजर आते होंगे। जो अपने आपको बेहद सफल और समृद्ध बताते और दिखाते हैं। यह आपको वादा करते हैं, कि अगर आप इनकी बातें सुने तो आप भी इनकी तरह समृद्ध हो जाएंगे। यह लोग अपने 2 घंटे के सेमिनार में ऐसी 'आजादी की कुंजी' आपको देने का वादा करते हैं, जिससे आपका जीवन धन्य हो जाएगा। बदले में आपसे एक रकम ली

जाती है। जबकि वास्तव में ऐसी कोई 'आजादी की कुंजी' होती नहीं है। यह सब तो एक छलावा होता है। आप को गुमराह किया जाता है, ताकि आप किसी तरह से इन्हें अपने पैसे दे।

कुछ समय बाद जब आप हकीकत से रूबरू होते हैं। तब आप पहले से ज्यादा निराश और हताश महसूस करते हैं। फिर आप कोई दूसरा आसान तरीका खोजने लगते हैं। जिससे आपकी परेशानी दूर हो जाए और फिर आप किसी ऐसे ही व्यक्ति के चक्कर में पड़ जाते हैं। ऐसा भी नहीं है कि हर व्यक्ति आपका फायदा उठाना चाहता है। कुछ लोग अच्छे भी होते हैं, लेकिन इन को ढूंढ पाना भी मुश्किल होता है। क्योंकि यह लोग इनकी तरह अपनी कामयाबी का झूठा आडम्बर नहीं रचते। हर जगह पैसे देकर अपना प्रचार प्रसार नहीं करते।

ऐसा सिर्फ कोई खास व्यक्ति ही नहीं बल्कि, कई सरे कम्पनियाँ भी हमारे साथ ऐसा करती है। उदाहरण के लिए, अपने '*ऑनलाइन शॉपिंग*' करते वक़्त यह देखा होगा, जो चीजे आपको चित्र देख कर पसंद आती है, वास्तव में वो सामान जब आपके सामने आता है, तो एकदम भिन्न होता है। उस तस्वीर से, जिसे दिखा कर आपको वो सामान खरीदने के लिए उत्साहित किया गया था।

बड़े-बड़े डिस्काउंट या छूट देने का वादा किया जाता है। लेकिन यहाँ सोचने की बात है, कोई भी व्यवसायी अपना नुक्सान करके आपको सामान नहीं बेचेगा, जब तक की उस सामान की मार्किट वैल्यू या बाजार मूल्य कम ना हो गया हो या उस सामान में कोई खराबी ना हो। ऐसे में देखा जाए तो हम पैसे देकर कचड़ा खरीदते है। कपड़ो के साथ भी ऐसा देखने को मिला है। याद है, हमारे यहाँ अंग्रेज़ो के समय में क्या होता था? हमारे देश से ही कपास (कॉटन) उनके देश जाता और वह से सामान बन कर हमारे यहाँ बेचा जाता था। देखा जाए तो अब भी, ऐसा ही हो रहा है। हमारे ही देश के कपास से बने कपड़े, बाहरी देशो के कंपनियों का टप्पा लगाकर, पांच गुना दाम में हमे बेचा जाता है। उसी जगह अगर हम स्वदेशी कंपनी की वही कपड़े ख़रीदे, तो कम दाम में उतना ही मिलेगा। हम ऐसा क्यों नहीं करते? क्योंकि विदेशी कम्पनियाँ हमे ऐसा करने नहीं देती। वह जो हमे पांच गुना दाम में बेचती है, उसका एक बड़ा हिस्सा वह

हमारे 'माइंड प्रोगरामिंग' के लिए खर्च करती है। ताकि हमे वही सर्वश्रेस्ट लगे और पांच या दस गुना पैसे खर्च करने के बाद, हमे खुशी की अनुभूति हो। कुछ कम्पनियाँ, प्रोडक्ट्स बनने के लिए कई तरह के सस्ते सामग्री का इस्तेमाल करते है। लेकिन वह दावा श्रेस्ट सामग्री से बने प्रोडक्ट्स देने का करती है।

यह तो हो गई बाहर के लोगों की बात जो आपको *'मैनिपुलेशन'* के जरिए आपसे पैसे निकलवा लेते हैं, लेकिन आपके आसपास भी ऐसे कई लोग मौजूद हैं। जो चीजों को *'मैनिपुलेट'* करके यानी तोड़ मरोड़ के आपसे, अपना काम निकलवाते हैं। इस तरह के लोगों को *'नार्सिसिस्ट'* कहते हैं।

> *"नार्सिसिस्ट आपकी भावनाओं को विकृत करने में माहिर हैं। वे आपको विश्वास दिलाते हैं कि उनके दुर्व्यवहार के प्रति आपकी भावनात्मक प्रतिक्रिया ही समस्या है, न कि स्वयं दुर्व्यवहार।*
>
> *- शाहिदा अरबी "*

ऐसे लोग अपने आप को सर्वश्रेष्ठ प्रतीत करते हैं। यह लोग चर्चा के विषय का केंद्र बनना चाहते हैं। यह सच को झूठ और झूठ को सच बनाकर आपके सामने पेश करते हैं। इसे आप जल्दी से पकड़ भी नहीं पाते। ऐसे ही लोग आपको नीचा दिखा कर खुद को बेहतर साबित करना चाहते हैं और आप को नीचा दिखाने के लिए कोई भी हथकंडा अपनाते हैं। ऐसे लोग बेहद मतलबी और ड्रामेबाज होते हैं। आपकी सहानुभूति पाने के लिए यह खुद को कमजोर और असहाय भी प्रतीत करते हैं। लेकिन जब आप इनके जाल में फंस जाते हैं, फिर यह अपना असली रूप आपको दिखाते हैं। यह लोग आपको यह सोचने पर मजबूर कर देते हैं, कि आप कमजोर हैं। आपकी उनके बिना कोई अहमियत नहीं, वही आपके जीवन का आधार है।

'मैनिपुलेशन' हर जगह है और इसे समझना आपके लिए बेहद जरूरी है। निम्नलिखित कुछ बातें है जो आपको गौर करनी है। अगर आपके

साथ ऐसा हो रहा है तो आप मैनिपुलेशन के जाल में फंसते जा रहे हैं।

1. अगर अचानक से कोई आपकी बहुत ज्यादा चापलूसी करने लगे। आपकी तारीफ करके ना थके। आपकी हर बात उसे अच्छी लगने लगे या उनका व्यवहार आपको अचानक से बहुत ज्यादा अच्छा लगने लगे।

2. अगर कोई हमेशा अपनी दुखियारी जिंदगी के बारे में आपको बताने लगे, आपसे सहानुभूति हासिल करने लगे।

3. आपको कोई ऐसी बात याद दिलाता है, जिससे आपके भावनाओं को ठेस पहुंचे और बाद में ऐसा जताए कि उसने यह जानबूझकर नहीं किया है और ऐसा बार-बार होता रहे।

4. आपको किसी चीज का डर दिखाया जाए, जिससे आप भयभीत होकर उस व्यक्ति से और ज्यादा घनिष्ठ तरीके से जुड़ जाएं।

5. जब उस व्यक्ति की खुद की हुई गलती का दोष किसी और पर या आप पर थोप दिया जाए।

6. जब आप उस व्यक्ति से तर्क, लड़ाई करें तो वह व्यक्ति किसी तीसरे व्यक्ति को घसीट कर अपने पक्ष में आप के खिलाफ खड़ा कर दें और उस तीसरे व्यक्ति को या यकीन दिला दें, कि आप गलत कह रहे हैं जबकि वास्तव में आप सही हो।

यह *'मैनिपुलेटिव'* लोगों की कुछ निशानियां है। अब इनसे बचने का उपाय यह है कि आपको अपने आप पर, अपनी भावनाओं पर काबू रखना होगा। ताकि आप इनके व्यवहार में बहकर नहीं जाएं। आपको खुद से यह सवाल करना होगा कि यह व्यक्ति मेरे साथ इतना अच्छा व्यवहार आखिर क्यों कर रहा है? क्या इसमें सच्चाई है या यह आदमी आप से भविष्य में कोई फायदा उठाने का प्रयत्न कर रहा है? जब आपको इस तरह का कोई व्यक्ति मिले, तो आपको अपने बातों और व्यवहार से यह जाता देना है, कि आप उसके बातों में नहीं आने वाले। ना ही आप उसके *'मैनिपुलेशन'* का शिकार होंगे। इस तरह के व्यक्ति के सामने खुद को कमजोर न पड़ने दें, चाहे वह भावनात्मक रूप पर ही क्यों ना हो। ना

ही भरोसा करें। इस तरह का व्यक्ति अगर आपको मिले और आपको परेशान करे तो इसके बारे में आप अपने प्रियजनों को जरूर खबर करें और उनसे राय ले कि आगे क्या करना है। वह आपका मार्गदर्शन जरूर करेंगे।

'मैनिपुलेशन' का जाल दुनिया में हर जगह है। बड़ी से बड़ी कंपनियां अपने प्रोडक्ट बेचने के लिए चीजों को मैनिपुलेट करती हैं। छोटे से छोटा व्यापारी भी ग्राहक को मैनिपुलेट करके अपना व्यापार बढ़ाने की कोशिश करते हैं। यहां तक कि आपके आसपास के लोग भी आपको मैनिपुलेट करके, अपने हिसाब से काम करा, अपना मतलब निकालना चाहते हैं। लेकिन ऐसा करने से यह सिर्फ कुछ पलों के लिए ही काम आता है। जब इनकी पोल खुल जाती है तो फिर कोई इन्हे नहीं पूछता या फिर यह किसी नए सीधे-साधे को अपने जाल में फंसा लेते है और यह चलता रहता है। मेरा इसे बताने का उद्देश्य यह है कि आप वह व्यक्ति ना बने जो इनके जाल में फंस रहा/रही हो। आपको खुद को और अपने प्रियजनों को इनसे बचा कर रखना है।

<u>संक्षेप</u>

- सोशल मीडिया में कई तरह के मनिप्यलैटिव लोग आपको देखने को मिलेंगे। जो आपको अपने जाल में फसा के आपसे पैसे निकलवाना चाहते है।
- कुछ कम्पनियाँ भी अपनी सामान की बिक्री के लिए मनुपुलेशन का इस्तेमाल किया करती है।
- आपके अस पास के लोग भी मनुपुलेशन के जरिए आपसे अपना मतलब निकलना चाहते है।
- मनुपुलेशन 'माइंड प्रोगरामिंग' का एक हिस्सा है। जो जैसा नहीं है उसको वैसा बनाकर या दिखाकर, अपने फायदे के लिए तोड़ मरोड़ के पेश करना। जिससे अपना उद्देश्य पूरा हो सके।

10

ताकत का नशा

"किसी की गरिमा पर हमला किया जा सकता है, बर्बरता की जा सकती है और क्रूरता से उपहास किया जा सकता है, लेकिन इसे तब तक नहीं छीना जा सकता जब तक कि इसे आत्मसमर्पण न किया जाए।

- माइकल जे. फॉक्स "

दुनिया में कुछ लोग ऐसे होते हैं, जिनके पास कुछ खास काबिलियत नहीं होती। लेकिन फिर भी यह अपने आप को सर्वश्रेष्ठ साबित करने की कोशिश करते हैं। जैसा कि हमने पिछले अध्याय में देखा कि लोग खुद को सर्वश्रेष्ठ साबित करने के लिए या दिखाने के लिए हमारे सोच और नजरिए को किस तरह से 'मैनिपुलेट' करते हैं। उसी तरह इस श्रेणी के लोगों में या काबिलियत नहीं होती लेकिन यह फिर भी अपने आप को सर्वश्रेष्ठ प्रमाण करने की कोशिश करते हैं, कैसे?

यह लोग खुद को सर्वश्रेष्ठ साबित करने के लिए, अपने 'बल' का प्रयोग करते हैं, ऐसे लोगों पर जो इनसे कमजोर होते हैं। इससे उन्हें मजा भी आता है, यह लोगों को डराते, धमकाते, नीचा दिखाते हैं और इनके सामने आने वाले लोग जितने ज्यादा इनसे डरते हैं। उतना ही इन्हें अपनी ताकत और महान होने का एहसास होता है। यह लोग दूसरों से

अपेक्षा करते हैं कि इनके अत्याचार के बावजूद वह इनका सम्मान करें। लोग जितना इनसे डरते हैं, या डर कर इनका सम्मान करते हैं। उतना ही इनका गुरूर और अत्याचार करने की तीव्रता बढ़ती ही जाती है।

इनकी शुरुआत स्कूलों से होती है। आपके साथ भी ऐसा बचपन में हुआ होगा कि ऐसे-ऐसे लड़के, लड़कियां आपको मिली होंगे। जो इस तरह के का अत्याचार करके अपने क्लास में वर्चस्व स्थापित करना चाहा होगा। ऐसे लोग जब *'क्लास मॉनिटर'* बन जाते। तो मानो सीधे-साधे बच्चो पर पहाड़ ही टूट पड़ता। ना जाने कितने झूठे शिकायतें बच्चों के खिलाफ इनके द्वारा अध्यापक को किया जाता। यही बच्चे जब बड़े होते हैं, तो वह कॉलेज में भी यही काम करते हैं। ना खुद पढ़ाई करते हैं ना दूसरों को पढ़ने देते हैं। सिर्फ दूसरों का मजाक बनाते हैं और कभी मारपीट करने पर उतर आते हैं। फिर यही लोग जब नौकरी में जाते हैं, तो वहां का माहौल भी धीरे-धीरे खराब करने लगते हैं। अपनी धौंस जमाने की कोशिश करते हैं। अपने सीधे-साधे साथियों को अपने बॉस के सामने नीचा दिखाने की कोशिश करते हैं। खुद को सर्वश्रेष्ठ प्रमाण करने की चेष्टा होती है। यही लोग को जब सरकारी पद मिल जाता तो भ्रष्टाचार करने से पीछे नहीं हटते। वह कोई ना कोई रास्ता निकाल ही लेते हैं। जिससे दो नंबर की कमाई की जाए। फिर इनके रास्ते में अगर कोई आ भी जाता है, तो वह उन्हें मारपीट कर, डरा धमका कर चुप करा देते हैं या हत्या तक करा देते हैं। अपने पद का फायदा उठाकर सीधे-साधे निर्दोष लोगों पर अत्याचार करते हैं, उन्हें परेशान करते हैं।

इस तरह के लोगों को हम '*बुली*' या बदमाश कहते हैं। जब यह '*बुली*' और '*मैनिपुलेटिव*' लोग साथ मिल जाए। तो समाज या किसी कार्य क्षेत्र में तबाही मचा देते हैं। इन दोनों तरह के लोगों का '*कॉन्बिनेशन*' बेहद घातक होता है। जिससे सीधे-साधे इंसान का जीना मुश्किल हो जाता है।

सादा-सीधा इंसान अपनी मानसिक शांति खो बैठता है। अवसाद, हीन भावना इत्यादि का शिकार हो जाता है। वह इनका गुलाम बन जाता है या इन से लड़ जाता है। जब लड़ जाता है, तब दो बातें हो सकती हैं, या तो वह इन '*बुली*' पर विजय प्राप्त कर ले या उनसे पीठ जाए, फिर लड़ने

की हिम्मत ना करें।अगर विजय प्राप्त कर भी लें, तो भी यह गुंजाइश होती है, कि यह सीधा-साधा इंसान खुद एक *बुली* में परिवर्तित हो जाए। वही काम करें जो उसे पसंद नहीं था। जिसकी वजह से वह लड़ रहा था।

अब यह तो बात हो गई आमने-सामने 'बुलिंग' की। परन्तु यह सिर्फ आमने-सामने ही नहीं, बल्कि इंटरनेट के जरिए भी देखने को मिलती है। इंटरनेट पर जब आप '*सोशल मीडिया*' में अपनी तस्वीरें या वीडियो साझा करते हैं। तो कई सारे लोग उसकी बुराइयां करते हैं, इसके खिलाफ फिर आप उनको कुछ कहते हैं और दोबारा वह आपको गाली गलौज करते हैं, धमकाते हैं। फिर आप उन्हें दोबारा कुछ कहते हैं और यह सिलसिला चलता रहता है। जिससे आपकी मानसिक शांति भंग हो जाती है। आपकी गलती बस इतनी होती है, कि आपने कुछ वीडियोस या तस्वीरें जो आपको अच्छी लगी आपने अपने सोशल मीडिया में साझा किए। इसे '*साइबरबुलीइंग*' कहते हैं। जिसका शिकार आजकल के युवा पीढ़ी बहुत तेजी से हो रही है। जब ऐसे लोग इंटरनेट के जरिए दुसरो का मज़ाक बनाते है, उपहास करते है तो इसको *ट्रॉल्लिंग* कहते है। जो की साइबर बुलिंग की श्रेणी में ही आता है। जो थोड़े कमजोर मानसिकता के, हैं वह इन सब से बचने के लिए आत्महत्या तक करने की कोशिश भी करते है।

साइबर बुलिंग के जरिए किसी की मानसिक हालत खराब करना बेहद आसान है। जरूरी नहीं कि हर बार आपने ही कुछ साझा किया तो उससे एक लड़ाई भड़क उठी। आपके शत्रु आपके बारे में इंटरनेट पर कई सारे गलत बातें, आलोचना इत्यादि साझा कर सकते हैं। जो आपको बुरा लगे, जिसके लिए आप एक प्रतिक्रिया दें। उसी प्रतिक्रिया का फायदा उठाकर आपको यह लोग और ज्यादा परेशान कर सके।

दुनिया में यूं ही डिप्रेशन, एंग्जायटी, ओवरथिंकिंग(जिसके बारे में हम आगे पढ़ेंगे) ऐसे ही नहीं बढ़ रहा। समाज के लोग और बचपन में बच्चों को सही ढंग से भावनात्मक बुद्धिमत्ता (इमोशनल इंटेलिजेंस) का ज्ञान ना देना इसका बहुत बड़ा कारण है। क्योंकि बच्चे ही आगे चल कर समाज का निर्माण करते हैं।

जिस वक्त में यह किताब लिख रहा हूं, कुछ साल पहले आई, दक्षिण भारत में बानी "के.जी.एफ" मूवी और इसके द्विवतीय भाग पूरे भारत में बेहद सफल रही। क्योंकि लोगो ने इस फिल्म के मुख्य किरदार से जुड़ा हुआ महसूस किया। क्योंकि इस फिल्म के मुख्य किरदार पर बहुत अत्याचार होता है। वह अत्याचारों का सबसे बदला लेता है। अपना वर्चस्व कायम करता है। सीधे-साधे आम लोग भी रोज इसी तरीके के अत्याचारों का सामना करते हैं। वह अपनी जगह बनाना चाहते हैं। मेरे अनुसार यही कारण रहा होगा, इस फिल्म के *सुपरहिट* होने का। यही नहीं, इसी तरह की और कई फिल्में जो *सुपरहिट* होती है, उनमें यही दिखाया जाता है, कि किस प्रकार एक सीधा-साधा इंसान अत्याचारों का शिकार होता है। यह अत्याचार यही 'बुली' लोग करते हैं।

विदेश में अगर आप देखें तो '*स्पाइडर-मैन*' नाम की फिल्म बहुत लोकप्रिय हुई थी। इसका भी कारण यही था, कि जो फिल्म का मुख्य किरदार था। उसे कॉलेज में बहुत परेशान किया जाता था। फिर उसे एक मकड़ी द्वारा काटे जाने पर उसकी शक्ति मिल जाती है। वह कॉलेज में अपना वर्चस्व बनाता है। इसी से पता चलता है कि कितने सारे लोग दुनिया में इस *बुलिंग* से परेशान है। मेरा व्यक्तिगत तौर पर यह मन्ना है, जब कोई फिल्म लोकप्रिय होती है। तो उसकी कहानी से नहीं, बल्कि लोगों द्वारा उस कहानी और किरदारों से जुड़ाव महसूस होने पर होती है। कहानी कितनी भी अच्छी क्यों ना हो। अगर लोग उससे अपने जीवन का जुड़ाव महसूस नहीं करते, तो वह फिल्म इतनी लोकप्रिय नहीं होती। कहा जाता है कि फिल्म ही समाज का आईना है।आजकल के फिल्मो में दिखाया जा रहा अत्याचार, गली-गलोज हमारे वर्तमान में हो रही घटनाओ का ही प्रतिबिम्ब है।

समस्या तो आप देख ही रहे हो कितनी गंभीर है और दुनिया में कई सारे संस्थान इससे जूझने में लगे हैं। ताकि लोगों में एक बदलाव ला सके इसीलिए 'एंटी बुली डे' हर साल 22 फरवरी को मनाया जाता है। हम इनसे कैसे बच सकते हैं इसके लिए मैं कुछ सुझाव आपको देना चाहूंगा।

- इस तरह के लोगो से जितना हो सके दूरी बनाने की कोशिश करें और इनसे जितना कम उलझे उतना बेहतर है।

- अपने तन और मन को, जितना हो सके मजबूत बनाने की कोशिश करें। तन को मजबूत बनाएंगे तो इनसे अगर कभी हाथापाई करना पड़े, तो इन पर जीत हासिल करने की थोड़ी बहुत गुंजाइश रहेगी। मन को मजबूत इसलिए बनाना जरूरी है, ताकि जब यह आपसे जुबानी तौर पर लड़े, तो आप इन को उचित जवाब दे सके। इनके कठोर वाणी को अपने मन में बसने ना दें। कई लोग तो इनके कठोर वाणी सुनकर इतना चोटिल हो जाते हैं, कि शारीरिक चोट से होने वाला दर्द भी कम लगने लगता है।

- दूसरों की मदद लेने की कोशिश करें। जब आपको लगता है, कि सामने वाला व्यक्ति आप पर जुल्म करने की कोशिश कर रहा है। वह आपसे ताकतवर है, तो आप अपनी ताकत बढ़ाने के लिए दूसरे लोगों को अपने साथ जोड़ने की कोशिश करें। अगर आप स्कूल में है, तो अपने टीचर, माता-पिता को इसके बारे में जानकारी दें। अगर आप कॉलेज में है, तो *हेड ऑफ डिपार्टमेंट, वाइस चांसलर* इत्यादि लोगों को इसकी सूचना दें। साथी अपने दोस्तों को भी इस बारे में आगाह करें। अगर आप किसी नौकरी में है तो अपने एच. आर से इस बारे में बात करें। जरुरत पड़ने पर पुलिस को खबर करे।

- इस तरह के लोगों के खिलाफ सबूत इकट्ठा करना शुरू कर दें। ताकि आप इनकी घिनौनी हरकत समाज व दुनिया के सामने ला सके और खुद को बचा सके।

- जितना हो सके इनकी बातों पर, कोई प्रतिक्रिया ना दें। इन लोगों का मकसद ही होता है, आपको किसी तरह से अपनी बातों के जरिए उक्साय। फिर आप से लड़ाई करें, प्रतिक्रिया ना मिलने पर खुद ब खुद एक समय के बाद थक जाएंगे और फिर आप में इनका रूचि कम हो जाएगा। फिर यह आपका उपहास बनाना या आपको नीचा दिखाना बंद कर देंगे ऐसा मुमकिन है।

'*बुलिंग*' एक तरह से बीमारी है।यह बीमारी इंटरनेट के आने से ज्यादा बढ़ गई है। जिससे समाज के कई लोग ग्रस्त है। जिनमें बच्चों से लेकर बूढ़े तक शामिल है। '*बुलिंग*' की वजह से ही सीधे-साधे लोग इस दुनिया को कठोर समझने लगते हैं। निराश हो जाते हैं, कई तरह के के मानसिक विकार इन्हें अपनी गिरफ्त में ले लेते हैं। जबकि यह दुनिया तो बेहद खूबसूरत है, हमारे, आपके और हम सब के रहने के लिए।

<u>संक्षेप</u>

- दुनिया में कुछ लोग ऐसे होते हैं, जिनके पास कुछ खास काबिलियत नहीं होती। लेकिन फिर भी यह अपने आप को सर्वश्रेष्ठ साबित करने की कोशिश करते हैं। दुसरो को डरा धमका कर।

- इस तरह के लोगों को हम '*बुली*' कहते है। जब यह '*बुली*' और '*मैनिपुलेटिव*' लोग साथ मिल जाए। तो समाज या किसी कार्य क्षेत्र में तबाही मचा देते हैं।

- जब यह 'बुली' इंटरनेट के माध्यम से दूसरे सीधे साधे लोगो को डरते, धमकाते है तो इसे साइबर बुलिंग कहते है।

- जब ऐसे लोग इंटरनेट के जरिये दुसरो का मज़ाक बनाते है उपहास करते है तो इसको ट्रॉल्लिंग कहते है। जो की साइबर बुलिंग की श्रेणी में ही आता है।

- आजकल के फिल्मो में दिखाया जा रहा अत्याचार, गली-गलोज हमारे वर्तमान में हो रही घटनाओ का ही प्रतिबिम्ब है।

11

किस बात की बेचैनी?

"मनुष्य वास्तविक समस्याओं से उतना चिंतित नहीं, जितना वास्तविक समस्याओं के बारे में उसकी काल्पनिक चिंताओं से है।

- एपिक्टेटस"

अगर हम अपने दिमाग को कंप्यूटर से तुलना करें तो जैसे कंप्यूटर को चलाने के लिए 'सॉफ्टवेयर' और *सॉफ्टवेयर* को बनाने के लिए 'प्रोग्रामिंग' की जरूरत पड़ती है। उसी तरह हमारे दिमाग में बाहरी प्रभाव, हमारे दिमाग पर असर करते हैं। जैसा कि आपने पहले अध्याय में पड़ा होगा हमारे माता-पिता, भाई-बहन, मित्र, रिश्तेदार, मीडिया, पड़ोसी, अध्यापक, अमीरी-गरीबी, जात-पात हमारे जीवन पर बड़ा असर करते हैं।

कई बार देखा गया है कि वह 'सॉफ्टवेयर', 'करप्ट' हो जाता है। या उसके कुछ फाइल करप्ट हो जाते हैं, फिर कंप्यूटर क्रैश होने लगता है। साथ ही इसके प्रभाव से अन्य *प्रोग्राम* को भी, करप्ट होते पाया गया है। हमारा दिमाग भी उसी तरह से 'करप्ट' हो जाता है। जिससे हम ठीक से

नहीं सोच पाते, अपने जीवन की गतिविधियों पर ध्यान नहीं लगा पाते।

इस अध्याय में, मैं तीन ऐसे विषयों पर बात करने जा रहा हूं, जो आपकी मानसिक संतुलन और आपके जीवन शैली को प्रभावित करते हैं। आपको तरक्की की राह में जाने से रोकते हैं। इनमें पहला है 'डिप्रेशन' यानी कि अवसाद, दूसरा 'एंग्जायटी' यानी घबराहट और तीसरा 'ओवरथिंकिंग' यानी अधिक चिंता करना।

यह तीनों चीजों के बारे में आपने कहीं ना कहीं पढ़ा या सुना होगा। आप में से कोई या आप जिनको जानते हैं, इनसे जूझ रहे होंगे। आजकल कि समय में यह चीज़े इतनी आम हो गई है, कि अधिकतर लोगों को यह जकड़ती जा रही है। अगर आपको इन सब चीजों का सामना, अब तक नहीं करना पड़ा है। तो आप बेहद भाग्यशाली है। लेकिन जरूरी नहीं कि यह भविष्य में आपको जकड़ नहीं सकते। इसलिए इस अध्याय का आपको ध्यान से पढ़ना बेहद जरूरी है।

जैसा कि पिछले अध्याय में हम पढ़ते आए हैं, कि हमारे जीवन में हमारे आसपास के माहौल व व्यक्तियों का विशेष प्रभाव पड़ता है। जिसका हमारे दिमाग पर भी असर पड़ता है। अगर हमारे आसपास का माहौल, खुशनुमा अच्छा है, रोज़ाना हमारे काम की सरहाना या हमारी तारीफ होती है। हमारा काम ठीक तरीके से हो रहा हो। तो हमारे दिमाग में 'हैप्पी हॉर्मोन्स' का प्रभाव' ज्यादा होता है। जिससे हम खुशनुमा, आत्मविश्वास से भरा महसूस करते हैं। वहीं आसपास का माहौल निराशाजनक, दुखदाई होता है, तो हम भी निराश, हताश और ऊर्जा में कमी महसूस करते हैं।

यही कारण से हमारे हॉर्मोन्स कम-ज्यादा होता है। जो हमारे आसपास की घटनाओं और परिस्थितियों से नियंत्रित होते हैं। इनमें *डोपामिन, सेरेटोनिन, एंडोर्फिन, ऑक्सीटोसिन , नॉरएपिनेफ्रीन, कोर्टिसोल* और *एपिनेफ्रीन* जैसे कुछ केमिकल है। जो हमारे दिमाग के जरिए हमारे विचार, स्वभाव और भावनाओं पर असर डालते हैं। यह *केमिकल*, जो हमारा शरीर खुद उत्पन्न करता है। अपने आसपास के होने वाले गतिविधियों के हिसाब से स्राव होता है। जो हमारे शरीर में खुशी प्यार, याददाश्त, दर्द, फुर्ती इत्यादि को नियंत्रित करता है। यह

इतने पेचीदा है की इन पर ऐसे ना जाने कितने किताब लिखे जा सकते हैं और वास्तव में लिखे गए भी हैं। आप इंटरनेट के जरिए, इनके बारे में गहराई से जान सकते हैं। खैर यह तो मनोवैज्ञानिक किताब नहीं, इसलिए हम इन पर ज्यादा जोर नहीं देंगे।

आज के इस दौर में खुद को पल-पल साबित करने की जरूरत होती है। ताकि दुनिया वाले आप का सम्मान करें और दूसरों से आगे बढ़ते रहने की होड़ लगी होती है। ताकि आप सफलता की शिखर पर पहुंच सके। हमें बचपन से सिखाया जाता है 'टाइम इज मनी'। खुद को कामयाब बनाने के लिए लोग एक दूसरे को धोखा देने से भी नहीं चूकते। हमें वह झूठी सोच, कहानियों को सच मान लेने के लिए मजबूर कर दिया जाता है, जो हमें सच नहीं लगता। हमारी किसी कमजोरी का मजाक बनाया जाता है। हमें हीन भावना का शिकार होने के लिए मजबूर कर दिया जाता है। आजकल के *टेक्नोलॉजी* ने भ्रम की दुनिया अलग से बनाई हुई हैं। जिस के जाल में सभी फंसते जा रहे हैं। क्या सच है, क्या झूठ, इसका पता भी लगा पाना मुश्किल होता जा रहा है। तरह-तरह के *फोटो फिल्टर* का प्रयोग करके, तस्वीरें खूबसूरत बनाकर एक दूसरे से आगे निकलने में लोग लगे हुए हैं।

कई 'दोस्त' रूपी दुश्मन आपके आसपास होते हैं। जो आपको आघात पहुंचाते हैं। ऐसा आघात जिसके बारे में आपने कभी कल्पना भी नहीं की होगी। किसी तरह का मानसिक दबाव जीवन में बना होता है, जिसमे आपका लोगो के आशाओ पर खरा उतरना शामिल है। तरह-तरह के गेम्स के जरिए बच्चों में हिंसा का जाल बिछाया जा रहा है। जिसमें बच्चे दिन-रात लगे रहते हैं। बच्चे चुप रहे, इसलिए माँ-बाप भी कम उम्र से ही उन्हें मोबाइल थमा देते हैं।

लोग एक दूसरे की तरक्की से जलने लगे हैं। एक दूसरे की तरक्की से खुद के तरक्की की तुलना करने लगे हैं। यही कारण है कि लोगों के मन में अशांति, चिड़चिड़ापन भर-भर के समा रहा है। जिससे वह अपनी सकारात्मक ऊर्जा गवाने लगते हैं और उसकी जगह नकारात्मक ऊर्जा ले लेती है। वह ठीक से सोच नहीं पाते और अपने कार्य में सफल होने में भी उन्हें कई तरह की समस्याओं का सामना करना पड़ता है। अंत, अपने

कार्य में वह नाकामयाब हो जाते हैं, जिससे उनके मन में और ज्यादा नकारात्मक ऊर्जा जगह बना लेती है।

ऐसा एक चक्र में चलते रहने से प्राकृतिक रूप से 'हैप्पी हॉर्मोन्स' का उत्पादन होना उनके शरीर में कम हो रहा है। जिससे वह ऐसे कार्य कर रहे हैं, जिनसे उनको खुशी मिले जिसमें 'नशा करना' सबसे आम हो गया है। लेकिन नशा करने से कुछ समय तक तो उनको अच्छा महसूस होता है। बाद में वह फिर उसी स्थिति में चले जाते हैं, जिसमें पहले थे। इसके बाद वे दोबारा नशा करते हैं। इस बार नशे की मात्रा ज्यादा होती है और यह भी एक चक्र में चलता रहता है। समय के साथ-साथ नशे की मात्रा बढ़ती जाती है और नशे से होने वाली खुशी की मात्रा कम होती जाती है।

- खुशी का महसूस ना होना।
- अपने कार्य में ध्यान ना लगा पाना।
- भूख ना लगना या बहुत ज्यादा लगना।
- चिड़चिड़ापन।
- बेहद ज्यादा दुखी महसूस करना।
- ऊर्जा की कमी।
- खुद को महत्वपूर्ण ना समझना।

यही सब अवसाद के कुछ मुख्य लक्षण में नजर आते हैं। जब अवसाद समय के साथ बहुत बढ़ जाता है, तो लोग अपनी जान लेने की कोशिश तक करते हैं। हर साल भारत में आत्महत्या का दर तेज़ी से बढ़ रहा है और इनमें 16 से 45 साल के लोग शामिल है। यह एक इतनी बड़ी समस्या है कि, कई सरकारी व गैर सरकारी संगठन इसे रोकने के लिए कार्य कर रहे हैं।

प्राचीन समय से इंसानों को कई तरह के समस्या एवं खतरों का सामना करते रहना पड़ता था। कभी खूंखार जानवरों से खतरा, तो कभी खाना का प्रबंध करने की चिंता, अपने शत्रुओं से खतरा, उससे लड़ने का हिम्मत जुटाना इत्यादि शामिल है। इसीलिए हम इंसानों में कोर्टिसोल और एपिनेफ्रीन (जिसे एड्रेनालाईन भी कहा जाता है) होर्मोनस की अहम

भूमिका रही है। यही वह केमिकल्स है, जिनके मदद से इंसान कठिन से कठिन परिस्थिति में बचता आया है।

समय बीतने के साथ-साथ चीजें अब इतनी डरावनी नहीं रही। आज की दुनियाँ देखा जाए तो पहले के मुकाबले कॉफी हद तक सुरक्षित हैं। पुलिस, नियम कानून, *इमरजेंसी सर्विसेज*, खुद के बचाव के लिए तरह-तरह के हथियार उपलब्ध है। अब पैसे, गहने बैंक में ज्यादा सुरक्षित है। तब के मुकाबले जब घर में पैसे रखने से डकैती, चोरी होने का खतरा हमेशा बना रहता था। इन सबके होने के बावजूद भी कभी-कभी असुरक्षित महसूस होने पर हमारे शरीर में खतरों को भापने और उसी प्रकार प्रतिक्रिया देने की प्रवृत्ति जिसे हम *'फाइट-और-फ्लाइट' रिस्पांस* कहते हैं, सक्रिय हो जाता है।

जब यह *रिस्पांस* बिना किसी खतरे के किसी व्यक्ति को महसूस होने लगता है। तो उसी को *'एंग्जायटी'* की (या घबराहट) की शिकायत होती है। मान लीजिए व्यक्ति सोफे पर बैठ कर टीवी देख रहा है और अचानक से ही उसे ऐसा लगे कि कुछ खतरा उसके आसपास मंडरा रहा है। बहुत ज्यादा डर लगने लगे, जिससे हृदय गति बढ़ जाती है, हाथ-पैर कांपने लगते हैं, पसीना आने लगता, सीने में जकड़न, रक्तचाप बढ़ जाता है। कई लोग इसे हृदय से संबंधित कोई बीमारी भी समझ लेते हैं। लेकिन जब डॉक्टर से जांच कराई जाती है तो कुछ पाया नहीं जाता।

इसे ऐसे समझिए, आपने देखा होगा कि ऊंची-ऊंची इमारतों में *'स्मोक डिटेकटर'* लगाया जाता है। जिससे धुआं फैलते ही पूरे बिल्डिंग में अलार्म बजने लगता है। जिससे लोग सचेत हो जाते हैं, कि बिल्डिंग में कही आग लगी है। उसी तरह लोग आग बुझाने के लिए दौड़ पड़ते हैं या अपनी जान बचाकर भागते हैं। यह *एंग्जायटी* भी उसी तरह का अलार्म है, जो खतरे के होने पर कॉर्टिसोल और एड्रीनलीन हॉर्मोन्स के जरिए हमारे शरीर को खतरे से लड़ने या उससे भागने के लिए तैयार करता है। जिससे शरीर में कई सारी क्रियाएं होने लगती है, लेकिन *एंग्जायटी* की बीमारी जिनको होती है, उनके लिए या अलार्म एक *'फॉल्स अलार्म'* की तरह काम करता है। कहने का मतलब यह है की बिल्डिंग में बिना आग लगे ही अलार्म बजने लगे, उस तरह की स्थिति उत्पन्न होती है।

आपने देखा होगा कि आपके घर में जो 'कॉलिंग बेल' लगा होता है, अगर वह खराब हो जाए, उसमें *शॉर्ट सर्किट* हो जाए तो कभी-कभी वह अपने आप ही बजने लगता है। आपको लगता है कि दरवाजे पर कोई आया है, जब आप दरवाजा खोल कर देखते हैं। तो पता चलता है, कोई नहीं है और ऐसा कई बार आपके साथ होता है। तो आपको लगने लगता है कि कोई भूत-प्रेत का चक्कर तो नहीं लेकिन बाद में पता चलता है कि आपके 'कॉलिंग बेल' में ही खराबी थी।

तो *एंग्जायटी*भी की बीमारी भी उस खराब कॉलिंग बेल की तरह आपके मन को परेशां करता है। जिस वजह से आप हड़बड़ा जाते हो और आपको लगने लगता है कि कहीं कुछ गलत हो रहा है। ऐसा बार-बार होते रहने से आपके मन में एंग्जाइटी और बढ़ता जाता है। जिससे आप निकलना तो चाहते हो लेकिन निकल नहीं पाते। इस तरह के 'एपिसोड्स' आपके साथ बार-बार होने लगते हैं। फिर आपको यह डर बैठ जाता है कि कहीं यह आपके कार्यालय में ना हो या विद्यार्थी हैं, तो स्कूल/कॉलेज में ना हो। लेकिन बार-बार ऐसा सोचने से यह उन जगहों पर भी होने लगता है। जिस वजह से आप, खुद को अकेला कहीं बंद कर लेने की कोशिश करते हो या अपने काम से छुट्टी लेकर घर बैठ जाते हो।

हमारे देश में अंधविश्वास तो है ही। इसे कई लोग भूत-प्रेत का साया भी समझ बैठते हैं। तरह-तरह के उपाय करने लगते हैं। जिनका उन्हें कोई खास असर नहीं होता। इसके और भी कई सारे लक्षण होते हैं। अगर आप किसी मनोचिकित्सक से सलाह लें तो उसके बारे में आपको विस्तार से बता पाएंगे जैसे नींद ना आना, ध्यान एकाग्र ना कर पाना, थका-थका महसूस करना इत्यादि।

अब एंग्जाइटी के होने का, क्या कारण हो सकता है, इस पर थोड़ा रोशनी डालने की कोशिश करते हैं। जैसा कि मैंने पहले ही कहा कि प्राचीन युग से अभी का जमाना बहुत सुरक्षित हो गया है। लेकिन इस जमाने में कुछ अलग तरह के चुनौतियां हैं। जैसे, बीमारियों का डर, नशीले पदार्थ का सेवन, अपने भविष्य की चिंता, किसी प्रकार का बचपन में हुआ शोषण या पीड़ा, किसी परीक्षा में अव्वल होने का दबाव, किसी गलत काम में लिप्त होना और पकड़े जाने का डर होना, काम का तनाव

इत्यादि। समय के साथ धीरे-धीरे, हमारे अंदर एक डर भाव पैदा करता है। जिससे हम तब तक अनजान होते हैं। जब तक की हमें कोई शारीरिक लक्षण नजर ना आए और शुरुआत में तो हम भटकते हैं। फिर किसी मनोचिकित्सक से परामर्श लेने पर पता लगता है, कि हमें एंग्जाइटी की बीमारी हो गई है।

'सोचना' अच्छी बात है। लेकिन अगर आप अधिक सोचने लगे। तो वह अच्छी बात बिल्कुल भी नहीं है। हमने अवसाद और एंग्जाइटी के बारे में तो बात किया, अब बात करते हैं, *'ओवर थिंकिंग'* की यानी कि अधिक सोचना। यह कोई बीमारी तो नहीं लेकिन यह एक बहुत बड़ी जड़ है, जो अवसाद और एंग्जाइटी को बढ़ावा देती है। सूत्रपात यही 'ओवरथिंकिंग से ही होता है।

अक्सर आपको ऐसे व्यक्ति मिले होंगे जो हर बात में बहुत ज्यादा सवाल करता है। बहुत ज्यादा सोचता है, जैसे अगर आप छात्र हैं तो आपको ऐसे बंधु मिले होंगे जो कहते होंगे कि आने वाले *'एग्जाम'*में क्या होगा? क्या हम लोग पास कर पाएंगे? हमारा भविष्य कैसा होगा? अगर कल होमवर्क नहीं किया तो मैडम हमें मारेगी तो नहीं? अगर आप कार्यालय में काम करते हैं, तो आपके कार्यालय में भी इस तरह के लोग काम करते होंगे, जो अपने भविष्य को लेकर बेहद चिंतित रहते हैं। अपने बच्चों की पढ़ाई को लेकर चिंतित रहते हैं। बच्चे कहीं बुढ़ापे में उन्हें छोड़ ना दें, उसकी चिंता अभी से लगी रहती है। अपनी शादी को लेकर चिंतित रहते हैं। लोग उनके बारे में क्या सोचता है ? कैसे खुद को साबित करे ? छोटी-छोटी बातों में भी वह बहुत सोच विचार करते हैं। अगर किसी चीज में पैसे खर्च कर दिए, तो उस पर बार-बार विचार करना। उनका फैसला सही था या गलत। पहले घटित हुए घटनाओं को जोड़कर भविष्य में होने वाली चीजों के बारे में अंदाजा लगाना भी शामिल है। इतना ज्यादा सोचने से *'कॉर्टिसोल'* हार्मोन बहुत ज्यादा स्तर पर हमारे शरीर में बनने लगता है। जो हमारे दिल और दिमाग के लिए बिल्कुल भी अच्छा नहीं है। लम्बे समय में यह अंगो को नुकसान पहुंचते है।

हमने देख लिया कि अवसाद, एंग्जायटी कैसे हमारे जीवन में उत्पन्न होता है। इसके पीछे क्या कारण है। ओवरथिंकिंग, कैसे इनका

जड़ होता है और इसके क्या लक्षण है। अब महत्वपूर्ण सवाल यह है कि इसे रोके कैसे और इससे अपने आपको बाहर कैसे लाए?

देखा जाए तो यह अवसाद और एंग्जाइटी खुद से ही हमारी अपनी लड़ाई है। जिसमें हम खुद उलझ कर रह जाते हैं और हमारा बहुत सारा मूल्यवान समय नष्ट हो जाता है। जिसको हम अपने लिए कुछ 'प्रोडक्टिव'काम करने में इस्तेमाल कर सकते थे। मैं आपको 5 बातें ऐसी बता रहा हूं जिससे आपको डिप्रेशन यानी अवसाद और एंग्जाइटी, ओवरथिंकिंग से लड़ने में बहुत सहायता मिलेगी। (ध्यान रहे अगर आपको डिप्रेशन, एंग्जाइटी होने जैसी संभावना लग रही है तो आप उसे अच्छे मनोचिकित्सक/मनोवैज्ञानिक से परामर्श जरूर करें तथा शरीर से किसी भी तरह की समस्या के लिए एक अच्छी फिजिशियन से जरूर सलाह लें।)

1) हमारा शरीर पांच तत्वों से बना हुआ है। जो कि है, धरती, अग्नि, जल, वायु, और आकाश। जो समस्त शक्तियों का केंद्र माना जाता है। पांच तत्व का संतुलन सही करने से हमारा मन स्वस्थ हो सकता है। इसके लिए इन पांच तत्व के संपर्क में आना जरूरी है।

- सुबह की सूर्य की किरण को स्पर्श करें। लेकिन ध्यान रहे कि धूप बहुत ज्यादा तेज ना हो जिसमें *'अल्ट्रावायलेट'* किरणें अधिक मात्रा में होती है। कम से कम 10 से 15 मिनट रहे।
- घर पर अँधेरे कमरे में दिया या मोमबत्ती जलाएं या ठंड के वक्त लकड़ी जलाकर सके। इससे भी मन को बहुत शांति मिलती है।
- मिट्टी में खेले, एक साफ मैदान या किसी खेत की पगडंडी पर नंगे पांव चले। जिससे मिट्टी के संपर्क में आपका शरीर आए। बागवानी करें जिससे धरती या कहें पृथ्वी तत्व को बल मिलेगा। यही कारण है कि कई जगह में मानसिक रोगों का इलाज मिट्टी में लिटा कर लेप लगाकर किया जाता है।
- कभी ठंडे और कभी गर्म अलग-अलग प्रकार के तापमान के पानी से स्नान करने की आदत बनाएं। जिससे आपको इनके अलग-अलग फायदे मिलेंगे और आपके अंदर जल् तत्व को बल मिलेगा।

- खुले साफ प्राकृतिक हवा मैं खुलकर सांस लें। इससे वायु तत्व को बल मिलेगा। खुली हवा में दौड़ लगाए, अगर सुबह हो सके तो ज्यादा बेहतर है। क्योंकि उस वक्त '*ऑक्सीजन*' का *लेवल* अच्छा और प्रदूषण भी कम होता है। इसके लिए आप किसी मैदान, अपने घर की छत का भी प्रयोग कर सकते हैं।

- आकाश तत्व को बल देने के लिए आप आंखें बंद कर ध्यान लगाने का अभ्यास कर सकते हैं। यह सोचे कि आपके आसपास कुछ भी नहीं, सारी चिंताओं भावनाओं को अपने मन से निकाल दें। किसी खास रंग के बारे में सोचें जो आपके मन को प्रसन्न करता हो। या कोई धार्मिक चिन्ह पर ध्यान लगाएं। योग, व्यायाम करने के बाद इसका अभ्यास करना बेहद लाभदायक है।

2) अपने विचार, योजनाओं व रणनीति को एक '*डायरी*' में लिखे (इसके लिए मोबाइल/ टेबलेट का प्रयोग ना करें)। लिखने से हम अपने शरीर और मस्तिष्क में संतुलन बनाते हैं। जिससे '*फोकस*' बढ़ता है। तनाव कम होता है। अगर हम अपने डिप्रेशन, एंग्जाइटी के बारे में लिख रहे हैं, कि यह क्यों? कब? कैसे होता है? हम कैसा महसूस कर रहे हैं? इससे हम इनके होने के कारण का पता लगा सकते हैं। साथ ही यह किन कारणों से प्रकट हो रहे हैं, उसे रोक सकते हैं। अपने दिनचर्या कैसी रही इस पर भी आप दिन में 30 मिनट निकाल कर कुछ शब्द जरूर लिखेंऔर अगले हफ्ते उसे पढ़ें। इससे आपको यह पता चलेगा कि आपने अपना समय किन चीजों में खर्च किया और उसका लाभ आपको कैसे मिला। इससे आपको इस बात का भी अंदेशा होगा कि आपको और किन चीजों में अपना समय देना चाहिए।

3) कुछ नया सीखे और कुछ नया सिखाएं।जिंदगी सीखते रहने का नाम है। यहां सीखने के लिए बहुत कुछ है। लेकिन ध्यान रहे की जो आप सीख रहे हैं उससे आप पर तनाव ना आए। बल्कि आपको खुशी मिलनी चाहिए। क्योंकि हम यहां तनाव से दूर रहने के लिए ही, यह कोशिश कर रहे हैं। बाद में आप उसे किसी को सिखा भी सकते हैं जैसे, कोई खेल, जादू, पकवान बनाना, संगीत, वाद्य यंत्र (इंस्ट्रूमेंट), विदेशी भाषा,

शिल्प कला, चित्र कला, फोटोग्राफी इत्यादि। ऐसा करने से आप अपने खाली समय का प्रयोग, अपने आप को बेहतर बनाने के लिए कर पाएंगे और 'ओवर थिंकिंग'से भी बच पाएंगे।

4) आपको अपने जीवन में जो भी मिला है, उसका हमेशा सम्मान करें। अपने आप को खुशकिस्मत समझे क्योंकि जो आपके पास है, वह बहुत लोगों के पास नहीं है। जिसके लिए वह लोग हर रोज संघर्ष कर रहे हैं। आपको जितना भी मिला है, उसके लिए अगर आप कृतज्ञ रहे, संतुष्ट रहें तो आपको यह देखने मिलेगा कि आपका चंचल मन खुद-ब-खुद शांत होने लगा है।

5) अपने खान-पान पर ध्यान दें। हमारा खान-पान भी हमारे शरीर की पंच तत्व पर बहुत बड़ा असर करता है। जैसे अगर बहुत तीखा खाया जाए तो वह अग्नि तत्व को प्रभावित करता है। इसी तरह पानी पीने से हमारे जल तत्व को प्रभावित होता है। अनाज, दाल में पृथवी तत्व ज़्यदा है। पत्तेदार सब्जियों में वायु तत्व मिलता है। तो इसी तरह हमें अपना आहार तय करना है। इसके लिए आप किसी 'योगिक डायटीशियन' से मिल सकते है। जिससे हर तरीके का तत्व हमारे शरीर में संतुलित मात्रा में पहुंचे। इसके साथ-साथ उत्तेजक पदार्थ जैसे कैफीन, शराब, तंबाकू तथा मैदा, चीनी, को जितना हो सके कम ग्रहण करने की कोशिश करें। हफ्ते में कम से कम 4 दिन व्यायाम जरूर करें। इसमें वजन उठाने से लेकर दौड़ लगाने तक क्रियाओं को शामिल करें। (डॉक्टरी परामर्श लेने के बाद, जैसे - कुछ लोगो को दौड़ना मना होता है।)

हमारा मन बहुत जटिल है। इसे समझ पाना बहुत मुश्किल है। जबकि यह हमारा खुद का मन है। इस पर काबू पाना तो और भी मुश्किल है। हमारे मन की कोई सीमा नहीं, क्योंकि यह बैठे-बैठे किसी देश पर बमबारी करने की कल्पना भी कर सकता है और कहीं एक लाख पेड़ लगाने की कल्पना भी कर सकता है। हमारा मन जो कल्पना करता है, हमारे शरीर को वही करने की दिशा में ले जाने की कोशिश करता है। इसलिए इस पर काबू पाना बेहद आवश्यक है।

जैसे, बारिश पर हमारा वश नहीं लेकिन, फिर भी अगर हमें कुछ काम पड़ जाए तो हमें बारिश में निकलना पड़ता है। उसके लिए हम छाता

या *रेनकोट* का प्रयोग करते हैं। ताकि हम बारिश से बच सकें, उसी तरह अगर हमारे आसपास का माहौल नकारात्मक है, जिसे हम बदल नहीं सकते लेकिन खुद आसपास के माहौल से बचने के लिए कुछ उपाय जरूर कर सकते हैं। जिससे हमारे मस्तिष्क पर नकारात्मक असर ना पड़े। अच्छी किताबे पढ़ना, प्रेरणा जनक डाक्यूमेंट्री, फिल्मे देखना, नियमित कसरत इत्यादि जैसी चीजे शामिल है।

आजकल के वक्त में, जब आपको खुद को पल-पल इस कठोर दुनिया का सामना करना पड़ता हो। खुद को साबित करने की बात हो, तो मानसिक विकार होना कोई बड़ी बात नहीं। आपके आसपास के लोग आपको समझ नहीं सकते ना आप उन्हें अपने समस्या, मानसिक विकारों के बारे में समझा सकते हो। यह बहुत मुश्किल दौर होता है। कई लोग इस तरह के विकार को परिवार के सामने आने देना नहीं चाहते कि कहीं उन्हें समाज में निंदा, आलोचना का सामना ना करना पड़े। जबकि यह बिल्कुल गलत है। इसे दूर करने के लिए कई सरे बढ़िया मनोरोग चिकित्सक, मनोविज्ञानी, काउंसलर मौजूद हैं। जो दवाइयों के जरिए या बिना किसी दवाई के भी आपकी समस्या का समाधान करने में सक्षम है। इन्हें बहुत कम समय में दूर कर सकते हैं।

जो सरल लेकिन असरदार अभ्यास मैंने बताएं, यह आपके मन को काबू करने व मानसिक विकार से दूर रहने में कहीं ना कहीं लाभदायक होगा, अगर आप इन्हें नियमित रूप से आजमाते हैं। अगर आपकी तकलीफ ज्यादा है तो किसी अच्छे विशेषज्ञ से परामर्श लेने में बिलकुल ना हिचकिचाए।

<u>संक्षेप</u>

- जिस तरह 'सॉफ्टवेयर' 'करप्ट' हो जाता है। हमारा दिमाग भी उसी तरह से कभी- कभी 'करप्ट' हो जाता है।
- 'डिप्रेशन','एंग्जायटी', 'ओवरथिंकिंग आज के ज़माने में बहुत बड़ी समस्या है।
- आसपास का माहौल खुशनुमा हो तो 'हैप्पी हॉर्मोन्स' स्राव होता है। जिससे हम खुशनुमा, आत्मविश्वास से भरा महसूस करते हैं। वहीं आसपास का माहौल निराशाजनक, दुखदाई होता है, तो हम भी निराश, हताश और ऊर्जा में कमी महसूस करते हैं।
- लगातार चिंता, भय, घबराहट से 'हैप्पी हॉर्मोन्स' का उत्पन्न होना शरीर में कम हो रहा है।
- असुरक्षित महसूस होने पर हमारे शरीर में खतरों को भापने और उसी प्रकार प्रतिक्रिया देने की प्रवृत्ति जिसे हम 'फाइट-और-फ्लाइट' रिस्पांस कहते हैं।
- एंग्जायटी की बीमारी एक तरह से 'फाल्स अलार्म' है।

12

कुछ पल तन्हाई के

आजकल के जमाने में इंटरनेट एक बहुत बड़ा साधन है। अपने लक्ष्य को हासिल करने, पैसा कमाने, प्रसिद्धि पाने व अपनों से जुड़े रहने के लिए इंटरनेट की अहम भूमिका रही है। इंटरनेट पर 'सोशल मीडिया' का इस्तेमाल भी दिन प्रतिदिन बढ़ता ही जा रहा है। छोटे-छोटे बच्चे भी अपने लिए सोशल मीडिया *अकाउंट* बना रहे और उन पर अपने दिनचर्या या जीवन से संबंधित बातें, तस्वीरें साझा करते हैं। मौजूदा समय में लगभग 4 अरब लोग दुनिया भर में *सोशल मीडिया प्लेटफॉर्म* का इस्तेमाल कर रहे हैं। जो हर रोज़ बढ़ता ही जा रहा है। अपने दिनचर्या का लगभग 2 से 3 घंटे अपने मोबाइल या कंप्यूटर के जरिए इस पर बिताते हैं।

देखा जाए तो इसके सकारात्मक और नकारात्मक दोनों तरीके का प्रभाव पड़ता है। सकारात्मक प्रभाव की बात करें तो इससे अपने काम को साझा करना आसान हो गया है। तथा अपनों से जुड़े रहने का एहसास

होता है। जिससे एक आत्मविश्वास का भी अनुभव होता है। वहीं दूसरी तरफ इस के नकारात्मक प्रभाव की बात करें तो, इसके लंबे इस्तेमाल से शारीरिक व मानसिक विकार होने की पूरी संभावना है। इस अध्याय में हम इसी के बारे में जानेंगे।

अति आत्मविश्वास या हीन भावना के शिकार - सोशल मीडिया के जरिए आप अपने काम को साझा है, तो लोग आपके काम की सराहना करते हैं या आपके काम को खराब बता, उसकी आलोचना करते है। इन दोनों ही बातों में आपके दिमाग पर बेहद असर होता है। कभी-कभी देखा गया है कि आपका काम उतना अच्छा नहीं है, लेकिन फिर भी आपके चाहने वाले आपको निराश नहीं करना चाहते। वह आपकी झूठी तारीफ करते हैं। इससे आपके आत्मविश्वास में वृद्धि होती है। लेकिन जब आपकी झूठी तारीफ हर बार होती जाती है, तो यह 'आत्मविश्वास' 'अति आत्मविश्वास' में परिवर्तित हो जाता है। यानी कि *'ओवर कॉन्फिडेंस'* फिर आप अपने काम को लेकर पहले की तरह सजग नहीं होते। आपको अपना काम सर्वश्रेष्ठ लगता है। कार्य और बेहतर ढंग से नहीं करना चाहते जो कि आप कर सकते हैं। आप एक नकली दुनिया में जी रहे होते हैं। जहां लोग आपको झाड़ पर चढ़ाते ही जाते हैं और अगर कोई आपको सुधारना चाहे या आपकी काम की सही आलोचना करें तो आपको वह पसंद नहीं होता। फिर आप उन्हें अपना शत्रु मन लेते है।

दूसरी तरफ इसका उल्टा भी देखने को मिलता है। आप अपनी जगह अच्छा कर रहे होते है लेकिन आपके प्रतिद्वंद्वी या कुछ लोग आपसे जलने वाले, आपके काम की आलोचना करते है। आपको निचा दिखने का प्रयास करते है।

सोशल मीडिया में, कई तरह के ऐसे लोग हैं जो आप से बेहतर होंगे। वह अपना जीवन आपसे बेहतर ढंग से जीते हैं। उनकी दिनचर्या आपसे बेहतर हो सकती है। जब वह यह सब अपने सोशल मीडिया में आपको दिखाते हैं। तो आप में एक हीन भावना यानी *'इंफेरियारिटी कंपलेक्स'* पनपने लगती है। फिर आप अपने काम को साझा करने से डरने लगते हैं। अपने जीवन शैली को साझा करने से डरते हैं। फिर आप अपने जीवन को खूबसूरत दिखाने के लिए कई तरह के झूठे तस्वीरें पेश करते हैं। चाहे

इसके लिए आपको किसी से कर्जा क्यों ना लेना पड़े। आप महंगे कपड़े, फोन, वाहन, किसी से मांग कर या भाड़े पर लाकर लोगों को दिखाने लगते हैं कि आपका जीवन भी बहुत संपन्न है। तो यह भी एक झूठी दुनिया का निर्माण, आपने अपने लिए कर लिया होता है। ताकि आप अपने हीन भावना को दबा सके। जो वास्तव में आपने ही अपने मन में बनाया है। आप वास्तविकता से दूर होते चले जाते हैं। जिंदगी में सफल होने, धन कमाने के तरह-तरह के *शॉर्टकट* खोजने लगते हैं।

तो यह दोनों ही मामलों में एक झूठी दुनिया का निर्माण होता हुआ आप देख सकते हैं। जिससे आपको जल्द से जल्द निकलना बेहद आवश्यक है। अन्यथा आपको आर्थिक, मानसिक व शारीरिक विकारों का सामना करना पड़ सकता है।

मेरी सलाह में, अगर आपके साथ ऐसा होता है या हो रहा है तो, आप यह देखे की शत प्रतिशत में, कितने प्रतिशत लोग आपके काम की प्रशंसा कर रहे है और कितने प्रतिशत लोग आपके काम को पसंद नहीं कर रहे। अगर 100 में 70 लोग आपके काम को अच्छा बताते है, तो आप यह समज लीजिए की आप अच्छा काम कर रहे है। ठीक उसी तरह जैसे परीक्षा में आंक मिलते है, वैसे ही इस तरह से प्रतिशत निकल कर आप अपने काम का मूल्यांकन कर सकते है।

फिसलता वक्त - आपने यह ध्यान दिया होगा कि जब आप *सोशलमीडियाप्लेटफॉर्म* का इस्तेमाल करते हैं। तो उनमें कई सारे छोटे-छोटे वीडियोस, तस्वीरें आपके सामने आते रहते हैं। आप उनको 'स्क्रॉल' करते जाते हैं। यह स्क्रोल करना एक ऐसी आदत है, जो हमारे मन को सम्मोहित कर लेती है। हम स्क्रॉल करते हुए घंटों बिता देते हैं। ना जाने कितनी सारी जानकारियां, हमारे आंखों के सामने से चली जाती है। जिसको 'प्रोसेस' करने में हमारा मस्तिष्क अनजाने में ही सही, लेकिन बहुत ज्यादा मेहनत करता है। फिर हम दिन के अंत में थका-थका महसूस करते हैं। हमें यह विचार आता है कि हमने तो वैसा कुछ काम किया ही नहीं कि इतना थका हुआ महसूस कर रहे हैं। लेकिन असल काम तो 'स्क्रोलिंग' ने ही कर दिया, क्योंकि आपको पता ही होगा कि हमारा दिमाग उर्जा से चलता है। आप अगर कंप्यूटर पर भी काम कर रहे

हो, तो भी आप अपने शरीर का ऊर्जा खर्च कर रहे हो। भले ही आप बैठे क्यों ना हो। तो इस तरह स्क्रोलिंग एक बहुत बड़ा दुश्मन है। जो हमारे कीमती समय और हमारे मस्तिष्क को चुपचाप नष्ट करने में अहम भूमिका निभा रहा है।

इतना ही नहीं स्क्रोलिंग से हमारा मस्तिष्क भी प्रोग्राम हो रहा। क्योंकि जो वीडियोस आप देखते हो वह आप भी करने की कोशिश करते हो। जिसे हम 'ट्रेंड' कहते हैं। यह *ट्रेंड फॉलो* करने के चक्कर में आप 99% वक्त उल्टी-सीधी काम में अपना समय गवा देते हो। जिसका आपके जीवन पर कोई सकारात्मक असर नहीं पड़ता। फिर आप अपने वीडियोस जो आपने ट्रेंड फॉलो करके बनाए हैं, उन्हें साझा करते हो और चाहते हो कि आपके वीडियोस भी लोग, उतने ही चाव से देखें जितने की आपने देखा और इसमें भी आप अपना वक्त गवाते हो।

बार-बार फोन उठाना- आपने यह भी अब तक ध्यान दिया होगा कि अगर आप अपने सोशल मीडिया पर कुछ चीज साझा करते हो, तो आपके मन में यह इच्छा जरूर होती है कि आपको भी अच्छा *रिस्पांस* मिले। कहने का अर्थ है कि आपको आपके मित्र व चाहने वालों के द्वारा लाइक, कमेंट इत्यादि मिले। जिसको देखने के लिए आप बार-बार अपने फोन पर ध्यान देते हैं। जब भी कोई *मैसेज* आता है, तो आप झट से फोन उठा लेते हैं। भले ही आप कितनी भी जरूरी काम क्यों ना कर रहे हो। ध्यान आपके फोन पर चला जाता है और यह सिर्फ *सोशल मीडिया* के साथ नहीं बल्कि *मैसेजिंग एप्स* पर भी लागू होता है। कई बार आप कुछ ऐसे व्यक्तियों से जुड़े होते हो जिनसे बात करना आपको अच्छा लगता है। जब भी कोई *नोटिफिकेशन* आपके फोन पर आता है। तो आप अपने फोन की तरफ लपक पढ़ते हैं। जिससे आपका ध्यान भटकता रहता है और अपने काम पर आप ध्यान नहीं लगा पाते। आपके अपने कार्य में असफल होने का यह एक बहुत बड़ा कारण हो सकता है।

फीयर आफ मिसिंग आउट (फोमो) - जैसा कि मैंने पहले कहा, आप सोशल मीडिया में चल रहे 'ट्रेंड' को फॉलो करते हो, तो इसमें कई बार आपको 'फीयर *आफ मिसिंग आउट*' यानी पीछे छूट जाने का डर लगा रहता है, कि कहीं यह ट्रेंड फॉलो करने में पीछे ना रह जाऊं। इसी

का फ़ायदा उठा के कई सरे कम्पनियाँ अपना प्रोडक्ट्स आपको सोशल मीडिया से जरिये दिखती है, और आप ना चाहते हुए भी बस ट्रेंड फॉलो करने के चक्कर में उन्हें खरीद लेते है। इस तरह के प्रोडक्ट्स को खरदीने से पहले आप बिलकुल भी नहीं सोचते असल में आपको इनकी जरुरत है भी या नहीं।

कुछ **समस्याएं ऐसी भी** - मोबाइल का इस्तेमाल करने से जो 'नीली' रोशनी मोबाइल से निकलती है। वह हमारे मस्तिष्क में *'मेलाटोनिन'* नामक हार्मोन को कम कर देता है। जिससे हमें नींद ना आने की परेशानी होती है। नींद ना आने पर हम और ज्यादा मोबाइल का इस्तेमाल करते रहते हैं। जिससे यह हार्मोन और कम होता जाता है। रात में देर से सोने, देर से सुबह उठने से हमारे जीवन शैली और स्वस्थ पर असर पड़ता है।

कई बार नकारात्मक आलोचना का सामना करना पड़ता है, जिस वजह से हमारा मन चिड़चिड़ा, गुस्सैल भी हो जाता है और हम बेवजह अपने मोबाइल पर दूसरों से लड़ते हुए समय बिता देते हैं। जिससे हमारा ऊर्जा और समय दोनों नष्ट होता है। सोशल मीडिया में प्राय आपको कई सारे झूठी खबरें भी दिखाई जाती हैं। जिससे आपका मन विचलित हो उठता है। कई बार तो हमें, अपने असुरक्षा का एहसास भी होता है। जो हमारे खुशी को बेवजह कम करता है। कुछ लोग सोशल मीडिया में प्रसिद्धि पाने के लिए अपने निजी जीवन को भी साझा कर देते हैं। उनको देखा-देखी एक भेड़ चल में और लोग भी ऐसा करने लगे है। जो उन्हें करना नहीं चाहिए। मोबाइल या कंप्यूटर का प्रयोग करते वक्त एक जगह पर बहुत समय तक बैठे रहने से भी हमारे शरीर में जकड़न, दर्द, रक्त संचार पर दुष्प्रभाव पड़ता है।

तो बात साफ है सोशल मीडिया से हमें जितना फायदा मिलता है, उससे कई ज्यादा नुकसान हमें झेलना पड़ रहा है। लेकिन इसके बारे में हम सजग नहीं हैं और धड़ल्ले से हम सोशल मीडिया का इस्तेमाल किए जा रहे हैं। यही कारण है कि पहले के जमाने में सोशल मीडिया इत्यादि ना होने के बाद भी लोग बेहद स्वस्थ और खुश रहते थे। इससे पहले की हमें कई तरह के विकारों का सामना करना पड़े, हमें सजग होना पड़ेगा।

इसके लिए 'सोशल मीडिया डिटॉक्स' की आवश्यकता है।

डिटॉक्स यानी विषहरण, जो 'विश' हम सोशल मीडिया से ग्रहण कर रहे हैं, उसे अपने मन से बाहर फेंकना होगा इसके लिए आप निम्नलिखित उपाय कर सकते हैं :-

- समय निर्धारित करें, आप कितने समय तक सोशल मीडिया पर 'एक्टिव' रहेंगे इसके लिए एक खास समय निर्धारित करें। दिन का वह समय जब आप बिल्कुल खाली बैठे हो और वह समय आपके सोने के समय के आसपास ना हो। आप अपनी सोशल मीडिया में कितना समय बिता रहे हैं, इसका हिसाब रखने के लिए आप *ट्रैकिंगएप्स* का भी इस्तेमाल कर सकते हैं। जो आपको बताएगा किन सोशल मीडिया एप्स में आप अपना समय ज्यादा बिता रहे हैं। 15 मिनट, आधा घंटा से ज्यादा 1 दिन के अंदर सोशल मीडिया में ना बिताए।

- हफ्ते में एक या दो दिन ऐसा रखें जिसमें आप सोशल मीडिया को पूरी तरीके से त्याग कर दें। उस दिन अपना फोन 'साइलेंट'पर रखें या नोटिफिकेशन बंद कर दे। जरूरी कॉल आने पर ही फोन उठाएं। तीन चार महीने के अंदर सोशल मीडिया का उपभोग 7 से 8 दिन तक लगातार बंद रखें।

- अनुचित सोशल मीडिया एप्स को अपने फोन से हटा दें। जिसका उपभोग आप बहुत ज्यादा करने लगे हैं। लेकिन आपके जीवन में उनका कोई उपयोग नहीं।

- अपने परिवार एवं प्रियजनों के साथ समय बिताएं। साथ ही कहीं घूमने जाएं जहां इंटरनेट बहुत कम चलता हो। मुझे मालूम है कि ऐसी जगह आजकल के समय मिलना मुश्किल है। जहां इंटरनेट ना चलता हो तो ऐसे में आप अपने इंटरनेट सेवा कुछ समय के लिए बंद करा सकते हैं। शुरू में आपको थोड़ी बहुत घबराहट हो सकती है, लेकिन कॉल सेवा जारी होगी इसलिए आपको घबराने की जरूरत नहीं है।

तो यह कुछ सरल से उपाय हैं, सोशल मीडिया डिटॉक्स करने के लिए। जब आप दोबारा सोशल मीडिया का उपयोग करें तो आपको ध्यान देना है, कि बेवजह के बातचीत, झगड़े, या ट्रेंड फॉलो करने से बचना है। आपको सोशल मीडिया का उपयोग अपने आप को *अपडेटेड*, दुनिया में क्या चल रहा है इसकी जानकारी लेने और अपनों से कभी-कभी बात करने के लिए करना है। इससे ज्यादा सोशल मीडिया का उपयोग करना आपके लिए हानिकारक हो सकता है।

<u>संक्षेप</u>

- इंटरनेट पर 'सोशल मीडिया' का इस्तेमाल भी दिन प्रतिदिन बढ़ता ही जा रहा है।
- लगभग 4 अरब लोग दुनिया भर में सोशल मीडिया प्लेटफॉर्म का इस्तेमाल कर रहे हैं।
- इसके इस्तेमाल से सकारात्मक और नकारात्मक दोनों तरीके का प्रभाव पड़ता है। एक तरफ उत्साह बढ़ता है तो दसूरी तरफ हीन भावना का शिकार भी लोग हो रहे है।
- सोशल मीडिया में प्रसीद्ध होने के लिए लोग निजी जीवन के पल भी साझा करने लगे है।
- लोगो में 'फोमो' उत्पन्न हो रहा है।
- नींद ना आना, चिड़चिड़ापन, गुस्सा, कई तरह के विकार लोगो में देखने को मिल रहे है।
- कुछ समय सोशल मीडिया का त्याग बेहद जरुरी है।

13

जो है बहुत है

"हमारे पास जो संपत्ति और संसाधन हैं, उसके साथ हमारे पास एक अच्छी योजना का होना जरुरी है।

- जेम्स कलस्ट्रॉम"

जब वियतनाम और अमेरिका के बीच लड़ाई हुई थी। तब अमेरिका के पास उस वक्त बहुत सारे और अधुनिक सैन्य संसाधन मौजूद थे। जिसका इस्तेमाल कर वह आसानी से वियतनाम पर विजय हासिल कर सकता था। दूसरी ओर वियतनाम के पास कुछ खास सैन्य बल नहीं था। फ्रांस भी लम्बे समय से उनपर अत्याचार कर रहा था। इसके बावजूद भी 20 सालों तक वियतनाम में युद्ध चलता रहा। अमेरिका के पास सभी संसाधन होते हुए भी वियतनाम पर जीत हासिल नहीं कर पाए। जंग 1956 से 1973 तक, चलती रही। 1973 में अमेरिका के राष्ट्रपति द्वारा सैनिको को वापस बुला लिया गया।

इससे हमें सीख मिलती है कि, जरूरी नहीं कि अगर बहुत सारे संसाधन इकट्ठे कर लिए जाएं, तभी जीत हासिल होगी। हमारे पास जितने भी संसाधन है, उसके सही, योजना पूर्वक उपयोग से हम अपने समस्या से लड़ विजय प्राप्त कर सकते हैं।

मैं अपनी बात अगर करूं, तो जब मैंने इंटरनेट पर, अपने सफर के वीडियोस बनाने शुरू किए थे। उस वक्त मेरे पास कोई अच्छा कैमरा नहीं था। मैं एक बेहद सस्ते कैमरे से ही 'शूट' करता था। मेरा मकसद बस यह होता था कि अपनी यात्राओं को सबसे बढ़िया तरीके से अपने कैमरे में कैद करना है। इस तरह से, मैं वीडियो बनाता रहा धीरे-धीरे पैसे जोड़कर मैंने फिर उससे बेहतर कैमरा लिया।

किसी भी चीज की शुरुआत करने के लिए जरूरी नहीं आपके पास सारे संसाधन मौजूद हो। यह भी जरूरी नहीं कि आपके पास **सबसे बेहतर संसाधन** हो। लेकिन आपके पास जो संसाधन है उस पर आप का भरोसा होना चाहिए। आपके पास जितने भी संसाधन है, उसके सटीक उपयोग से आप अपने लक्ष्य तक पहुंच सकते हो।

कुछ समय पहले, मैं अपने एक मित्र से मिला। जिसने एक राष्ट्रीय स्तर की परीक्षा में स्थान प्राप्त की थी। जब मैं उसके घर गया तो पाया कि उसने कुछ बुनियादी स्तर के किताबों से अपनी तैयारी की और कुछ ही कठिन स्तर की किताबें उसने पढ़ी थी। वह मुझे कहता है कि मैंने यह किताब कई बार पढ़ा जबकि उनके दोस्तों के पास कई सारे *एडवांसलेवल* की किताबे थी। जो उन्होंने एक आद बार ही पड़ी थी। फिर मुझे याद आया की महान **ब्रूस ली** (मार्शल आर्ट्स के गुरु हुआ करते थे) ने कहा था कि *"मुझे उस इंसान से डर नहीं, जिसने 1000 तरह की 'किक' एक बार प्रैक्टिस की हो बल्कि मुझे डर उससे है जिसने 1 तरह की किक 1000 बार प्रैक्टिस की है"*। यह एक और प्रमाण हमारे सामने हैं कि अतिरिक्त संसाधन की हमें जरूरत नहीं, हम मौजूदा संसाधनों को किस प्रकार इस्तेमाल करते हैं, इस पर हमारा सफल होना निर्भर करता है।

लोग अक्सर संसाधन इकट्ठे करने में अपना समय, धन और ऊर्जा खर्च कर बैठते हैं। बजाय एक सटीक योजना बनाने के। एक सटीक योजना का होना बेहद जरूरी है। ताकि हमारे पास जो भी संसाधन है उसको सही दिशा में उपयोग कर, अपना पूरा ज़ोर लागाए।

कई बार हम दूसरों को देखकर निराश हो जाते हैं, कि उसके पास इतनी ज्यादा संसाधन है। जब तक मेरे पास उससे भी ज्यादा संसाधन

ना हो तब तक मैं उसका मुकाबला नहीं कर सकता। लेकिन यह सरासर गलत है, हमें कहीं से तो शुरू करना होगा। संसाधन एक ऐसी चीज है जो समय के साथ-साथ और आपके जरूरत के अनुसार आप जुटा सकते हो। लेकिन **आपकी 'इच्छा शक्ति'** कितनी जबरदस्त है, इसी पर आपका सफल होना निर्भर करता है। अगर आप दूसरों को देखकर निराश होकर बैठ गए तो जिंदगी में कुछ नहीं कर पाएंगे और संसाधनों के आने का इंतजार करते-करते समय बीत जाएगा। इसलिए आप जो भी काम करना चाहते हैं, अपनी पूरी इच्छाशक्ति के साथ उसमें लग जाइए और आपके पास जो भी संसाधन मौजूद हैं, उन्हें बचाकर और एक सटीक योजना के साथ अपने काम में लग जाइए। सफलता आपको जरूर मिलेगा।

<u>संक्षेप</u>

- किसी भी चीज की शुरुआत करने के लिए जरूरी नहीं आपके पास सारे संसाधन मौजूद हो। यह भी जरूरी नहीं कि आपके पास सबसे बेहतर संसाधन हो। लेकिन आपके पास जो संसाधन है, उस पर आप का भरोसा होना चाहिए। आपके पास जितने भी संसाधन है, उसके सटीक उपयोग से आप अपने लक्ष्य तक पहुंच सकते हो।
- आप जो भी काम करना चाहते हैं, अपनी पूरी इच्छाशक्ति के साथ उस में लग जाइए और आपके पास जो भी संसाधन मौजूद हैं, उन्हें बचाकर और एक सटीक योजना के साथ अपने काम में लग जाइए।
- आपको कही से तो शुरू करना पड़ेगा।
- आपके पास जो भी संसाधन मौजूद हैं, उन्हें बचाकर और एक सटीक योजना के साथ अपने काम में लग जाइए।

14

सफलता की पहली सीढ़ी

असफलता ही सफलता की पहली सीढ़ी है! सुनने में थोड़ा अजीब लग रहा होगा लेकिन यही सत्य है। कभी आपने सुना है, कोई सफल व्यक्ति पहली बार में ही सफल हो गया? किसी ने एक व्यवसाय चालू किया और रातों-रात लाखों रुपए कमा लिए। अगर सुना भी होगा तो यह सरासर झूठ है और आपको किसी तरह बेवकूफ बना कर अपना मतलब निकालने की कोशिश कर रहा है। फिर आपको *मैनिपुलेशन* का शिकार बनाया जा रहा है। क्योंकि सफलता रातों-रात नहीं आती।

दुनिया में 0.1 प्रतिशत लोगों को ही पहली बार में सफलता मिलती है। कहने का सार है, बहुत ही कम। या तो उसके पीछे बहुत ज्यादा कड़ी मेहनत छुपी हुई होती है, जो वह साझा नहीं करते या फिर उनका किस्मत बहुत ज्यादा बलवान होता है। रातों-रात जिसको सफलता मिलती है, वह सफलता का मूल्य नहीं समझ पाते और अपने जीवन में दोबारा सफल ना होने पर टूट जाते हैं। *कहा जाता है, जो चीज़ ऊपर*

जाती है, निचे भी अति है जबतक की गुरुत्वाकर्षण के दायरे से वह चीज़ बहार ना चली जाए (जो अधिकतर वक़्त संभव नहीं) सफलता भी इसी तरह होती है। जब आप सफलता के शिखर पर पहुंचते हो, वहा बने रहना आसान नहीं। समय के साथ-साथ आपकी सफलता, इतिहास बन कर रह जाती है। इसका एक अच्छा उदाहरण पर्वतारोही (मौंटैनीर) लोग है, जो अगर माउंट एवेरेस्ट के शिखर पर भी चढ़ जाए लेकिन वह वहा हमेशा के लिए नहीं रह सकते। उन्हें वापस *बेसकैंप* आना पड़ता है और वहा से अपने घर लौटना पड़ता है। यही कारण है की बड़े- बड़े राजा, अभिनेता, नेता एक ज़माने में बेहद सफल थे। लेकिन आज उनका अस्तित्व कुछ किताबो, किस्से-कहानीयों में दबी रह गयी है।

मैं, ऐसे कई 'यूट्यूब' पर वीडियो बनाने वालों को जानता हूं, जिनको शुरुआत में ही कुछ वीडियो यूट्यूब पर डालने पर इतनी ज्यादा लोकप्रियता, सफलता मिली कि, उनको लगने लगा कि उनसे बेहतर और कोई नहीं। उन्हें यह भी लगा कि यह शोहरत उनकी हमेशा टिकी रहेगी लेकिन बाद में उन्हीं के वीडियोस की लोकप्रियता बेहद कम होती गई। जो उन से बर्दाश्त नहीं हुआ और फिर उन्होंने अपना *चैनल* बंद कर दिया। कुछ दूसरा काम करने लगे, इसलिए एकदम से सफलता मिलने से आप में अहंकार का जन्म होता है।फिर आप अपने काम को ईमानदारी से नहीं कर पाते हो। जिसका कई बार मौका आपके शत्रु या प्रतियोगी उठा लेते हैं और आप से आगे निकल जाते हैं।

असफलता हमें अपने जीवन में ढेर सारी बातें सिखाती है, क्योंकि सफल व्यक्ति के पीछे तो सारी दुनिया पड़ी होती है। लेकिन एक असफल व्यक्ति को कोई नहीं पूछता। असफल व्यक्ति ठोकर खाकर सीखता है। वह जिये या मरे इसके बारे में दुनिया को कोई फर्क नहीं पड़ता। शायद यही कारण है कि लोग, सफलता पानी की दौड़ में लगे होते हैं। क्योंकि हर कोई चाहता है, कि वह महत्वपूर्ण व्यक्ति बने। ताकि लोग उनका सम्मान और उनके आज्ञा का पालन करें।

जब लगातार असफलता आपके हाथ लगती है। तो यही लोग आपका मजाक बनाने लगते हैं। आपको नीचा दिखाने लगते हैं। जिससे आपका मनोबल टूट जाता है। ऐसे में कुछ लोग अपने जीवन को खत्म करने

की बात सोचने लगते हैं। उन्हें ऐसा लगता है कि अब जीवन में कुछ नहीं बचा। क्योंकि उनको सफलता हासिल नहीं हुई। वह दुनिया के लिए बेकार है। लेकिन वास्तव में यह सत्य नहीं है। यह बस उनकी मानसिक धारणा है। जो उनके मन में घर कर जाती है। जिससे वह हटाने की कोशिश भी नहीं करते। इसे ही वह सत्य मान लेते हैं।

एक मनुष्य का जीवन विशाल और कीमती है। एक मनुष्य खुद नहीं जानता कि वह समाज के लिए कितना लाभदायक हो सकता है। हम मनुष्य 'सोच' सकते हैं जो हमें जानवर से अलग बनाता है। मनुष्य चाहे तो इसी सोच का इस्तेमाल करके इस संसार को प्रेम और विश्वास से भर सकता है। यही मनुष्य चाहे तो इस संसार का विनाश भी कर सकता है।

कई सारे आविष्कार मनुष्य द्वारा अनजाने में हुए हैं। उदाहरण के तौर पर *माइक्रोवेव, एक्सरे, पेनिसिलिन, टेफलॉन, पेसमेकर, कॉर्न फ्लेक्स* इत्यादि। क्या पता आप भी उनमें से एक हो, जो अनजाने में ही कुछ ऐसा आविष्कार कर दो, जो आने वाले मनुष्य जाति के लिए लाभदायक हो। जिसका फिलहाल आपको कोई अंदाजा नहीं। इसीलिए आपको असफल होने पर निराश होने की जरूरत नहीं है। असफलता वह आयाम है जो आपने अपने मन में तय की है। वह मापदंड है जिसे आप पार नहीं कर पा रहे हैं, लेकिन वास्तव में देखा जाए तो सफलता या असफलता का कोई मतलब नहीं।

किसी के लिए महीने का 20,000 रुपए कमाना सफलता है और किसी के लिए अपने राज्य का उच्चतम करदाता बन्ना सफलता है। तो जो 20,000 कमा रहा है, उसे हमे असफल घोषित कर देना चाहिए? बिलकुल नहीं क्योंकि वह अपने जीवन में अपनी आजीविका कमा कर खुश है। आपको ऐसे भी विद्यार्थी मिलेंगे जो सिर्फ परीक्षा में पास करने को सफलता मानते है, और ऐसे भी मिलेंगे जो 100 में 1 नंबर कम आने पर दुखी हो जाते है। खुद को असफल बताते है।

आपने बचपन में *थॉमस अल्वा एडिसन* के बारे में तो पढ़ा ही होगा, लेकिन बड़े होने के साथ-साथ शायद भूल गए होंगे तो थोड़ा याद दिला दूं। उन्होंने 'बल्ब' का आविष्कार किया था। उनके नाम पर हजार से भी ज्यादा पेटेंट मौजूद है। जिनमें *फोनोग्राफ, मोशन पिक्चर कैमरा* इत्यादि

शामिल है। वह एक हजार से भी ज्यादा बार बल्ब बनाने में असफल हुए। वह इस असफलता को असफलता नहीं मानते थे। वह यह कहते थे कि उन्होंने 1000 ऐसे तरीके ढूंढ लिए हैं, जिससे हम अच्छे बल्ब नहीं बना सकते। इस *क्लासिक* उदाहरण से हमें यह समझ आता है, कि असफलता हमें कई सारी चीजें सिखाती हैं। जिससे हम सफल होने में इस्तेमाल कर सकते हैं।

आपने देखा होगा कि कई सारे संस्थान में, जो बड़े-बड़े राष्ट्रीय स्तर की परीक्षाओं का तैयारी कराते हैं। उनमें ऐसे *'टीचर्स'* होते हैं। जो खुद उन परीक्षा में कभी उत्तीर्ण नहीं हुए। लेकिन उनको पता है कि बच्चे कहां गलती करते हैं और उन्हें क्या पढ़ना चाहिए, क्या नहीं। तो उनकी 'असफलता' दूसरे बच्चों को रास्ता दिखाने में काम आती है। उन्हीं के नेतृत्व में उनमें से कई बच्चे उस परीक्षा में उत्तीर्ण होते हैं।

सफलता का कोई सीमा नहीं और असफलता का कोई पैमाना नहीं। यह सब आपके दिमाग के अंदर है। जिससे आपको बाहर निकाल फेंकना है। अपने काम पर अपना शत-प्रतिशत ध्यान और जोर देना है। उस काम को अच्छे ढंग से पूरा करने की कोशिश करनी है। अब वह काम आपका कोई राष्ट्रीय स्तर का परीक्षा की तैयारी हो सकता है, आपकी नौकरी से संबंधित हो सकता है या किसी विज्ञान, कला, खेलकूद इत्यादि से संबंधित हो सकता है।

रही बात लोगों की तो जैसा कि मैंने शुरू में कहा, सफल लोगों के पीछे हमेशा लोग भागते रहते हैं। उन्हें पूछते हैं, लेकिन हर बार सफल होना भी तो आसान नहीं। बाद में असफल होने पर जब वही लोग आपकी बुराई करते हैं, या उस स्तर पर सम्मान नहीं करते, जैसे वह पहले किया करते थे। तब मन बैठ जाता है और मनोबल घट जाता है।

अगर आप क्रिकेट प्रेमी है। तो आपने देखा होगा कई बार दिग्गज खिलाड़ी सही ढंग से नहीं खेल पाते, शुन्य रन पर *आउट* हो जाते हैं। या अगर *बॉलर* है, तो उनकी गेंद की खूब पिटाई होती है। विकेट भी नहीं मिलता। ऐसे समय में लोग और मीडिया उनकी इतनी आलोचना करते हैं, जैसे उन्हें जान से ही मार देंगे। लेकिन फिर कुछ समय बाद अच्छा प्रदर्शन करने पर वही लोग, वही मीडिया, उनकी तारीफ करते

नहीं थकते। इसीलिए यह जरूरी है, कि हम लोगों पर ध्यान ना दें बल्कि अपने काम पर और अपने आप पर ज्यादा ध्यान दें। लोगों की वाहवाही को अपने सिर चढ़ने ना दें। जो हमें घमंडी बनाने में असरदार तरीके से काम करता है। **जब उनकी वाहवाही से आपको कोई फर्क नहीं पड़ेगा, तो उनकी गालियों से भी आपको कोई फर्क नहीं पड़ेगा।** जिससे आप का मनोबल भी कमजोर नहीं होगा और आप अपना कार्य ढंग से करते जाएंगे।

<u>संक्षेप</u>

- असफलता ही सफलता की पहली सीढ़ी है।
- दुनिया में 0.1 प्रतिशत लोगों को ही पहली कोशिश में सफलता मिलती है।
- रातों-रात जिसको सफलता मिलती है, वह सफलता का मूल्य नहीं समझ पाते।
- आप सफलता के शिखर पर पहुंचते हो लेकिन वह बने रहना आसान नहीं।
- हर कोई चाहता है, कि वह महत्वपूर्ण व्यक्ति बने। ताकि लोग उनका सम्मान और उनके आज्ञा पालन करें।
- सफलता का कोई सीमा नहीं और असफलता का कोई पैमाना नहीं। यह सब आपके दिमाग के अंदर है।
- लोगों पर ध्यान ना दें बल्कि अपने काम पर और अपने आप पर ज्यादा ध्यान दें। लोगों की वाहवाही को अपने सिर चढ़ने ना दें। जो हमें घमंडी बनाने में असरदार तरीके से काम करता है।

15

अध्यात्म और ठेकेदारी

हम कौन हैं? हमारे जीवन का उद्देश्य क्या है? कैसे हम अपने आसपास की दुनिया को अपनी ज्योति, ऊर्जा से रोशन कर सकते हैं? इस विश्व का जनक कौन है? मेरे हिसाब से इन सवालों के जवाब को ढूंढने की यात्रा को ही 'आध्यात्म' कहते हैं। अध्यात्म की यात्रा में निकलने से पहले यह जरूरी है, कि आपके शरीर और मन पर काबू होना चाहिए। एक और चीज की आवश्यकता है, जो है 'आत्मज्ञान', आत्मज्ञान को वह 'वस्तु' समझ लीजिए, जिनकी जरूरत आपको किसी सफर के दौरान पढ़ती है। यह वह है, जिसे कोई खरीद नहीं सकता ना ही बना सकता है। यह सब के अंदर पहले से ही मौजूद है। बस जरूरत होती है, इसकी अनुभूति होने की। इसकी अनुभूति हमें तब होती है, जब हम अपने मन पर काबू पा लेते हैं। क्या सही, क्या गलत इसका विचार स्वयं कर पाते हैं। अपने मन

के शत्रु को हरा देते है।अपने मन को काबू करने के लिए और आत्मज्ञान की प्राप्ति करने के लिए 'धर्म' की एक बहुत बड़ी भूमिका है।

धर्म यानी जो धारण करने योग्य है। जिसमें कुछ विचारधारा, परंपरा, कर्तव्य, न्याय, सदाचार, नैतिकता, अहिंसा होता है। धर्म को आप एक *जिम* की तरह समझ सकते है। जिसके सही उपयोग से आप अपने तन को बलिष्ठ बना सकते हैं। ठीक उसी तरह 'धर्म' को सही तरह से समझ और मान कर, आप अपने मन के शत्रुओं (जिनके बारे में पहले हमने जाना है) पर विजय प्राप्त कर आत्मज्ञान की प्राप्ति कर सकते हैं।मन को बलिष्ठ बना सकते हैं।

'जिम' में आपने देखा होगा, *'ट्रेनर्स'* होते हैं। जो जिम में रखी *मशीन* को सही तरह से चलाने की विधि हमें बताते हैं। तथा यह भी ध्यान रखते हैं, कि हम उस मशीन से खुद को चोट ना पहुंचा ले। कितना वजन हमारी क्षमता अनुसार उठाना है, हमें बताते हैं और इसी तरह हमारा मार्गदर्शन करते हैं। इसी तरह 'धर्म' में भी ऐसे लोग आपको मिलते हैं। जिनको हम अलग-अलग नाम से अपने धर्म के अनुसार बुलाते हैं।

कई बार ऐसा देखा गया है, किसी-किसी *जिम* के ट्रेनर उग्र स्वभाव के होते हैं। जिम में आए लोगों पर ध्यान नहीं देते। उनके ज्ञान में कमी होती है।कई गलत जानकारियां व निर्देश दे बैठते हैं। जिससे जिम में आए लोग गलत व्यायाम कर चोटिल हो जाते हैं। जिम छोड़ देते हैं। जिम करने को ही भला बुरा कहने लगते हैं। कई लोगों का तो खुद पर से विश्वास उठ जाता है। ऐसे ट्रेनर खुद अपने आपको और खुद के जिम को खुद ही सर्वश्रेष्ठ होने की उपाधि दे देते हैं। ठीक इसी तरह, किसी धर्म के प्रतिनिधि द्वारा ऐसा देखने को मिलता है। कुछ लोग अपने धर्म को अपने धर्म के प्रतिनिधि की वजह से छोड़ देते हैं। दूसरा धर्म अपना लेते हैं, दूसरे धर्म की तरफ आकर्षित हो जाते हैं। अपने धर्म पर उनकी आस्था डगमगा जाती है। जबकि सही मार्गदर्शन होने पर लोग अपने धर्म की राह पर मजबूती से चलते हैं और आत्मज्ञान को प्राप्त करते हैं।

जो लोग नास्तिक होते हैं। जिन्हें किसी धर्म में विश्वास नहीं होता ऐसा नहीं है कि उनको आत्मज्ञान की प्राप्ति नहीं होती। वह लोग खुद

के अनुभव, संघर्ष और दुनिया की ठोकर से सीखते हैं। कई बार वह हताश और अवसाद में चले जाते हैं। इनको फिर किसी सहारे की जरूरत होती है। जिससे वह इस इन परिस्थितियों से उबर पाए। यह कोई इंसान हो सकता है, कोई कार्य, कोई वस्तु इत्यादि। इन्हीं परिस्थितियों का सामना, जब कोई 'आस्तिक' करता है। तो 'धर्म' उसका सहारा बनता है। जो इन परिस्थितियों में उसे उभरने की शक्ति प्रदान करता हैऔर डटकर इन परिस्थितियों का सामना करने की हिम्मत देता है।

अब सवाल यह है कि आत्मज्ञान क्या है? 'आत्मज्ञान' यानी 'आत्मा का ज्ञान' आपके अंदर जो भी उर्जा है, उसका ज्ञान। जिससे आप अपने सोच को दिशा दे सकते हैं। मेरे अनुसार वह ज्ञान जिस के उपयोग से आप अपने मन को अपने खिलाफ जाने व आपका नुकसान कराने से रोक सकते हैं।यह वह ज्ञान है, जिससे आप में धीरज, संयम, स्थिरता कि अधिक वृद्धि हो जाती है। अपनी वाणी को नियंत्रित कर सके। जिसे आप भौतिक सुखों के ऊपर सोचने लगते हैं। जब आपको आत्मज्ञान की प्राप्ति होती है, तभी आप अध्यात्म की राह पर चलने के लिए तैयार होते है। ठीक उसी तरह जैसे लम्बे सफर पर निकलने से पहले आप अपने शरीर को दरुस्त कर, सफर के लिए खाना और कपड़े रख लेते।

धर्म के गलत प्रतिनिधियों के संगत में आकर, कई बार हम आत्मज्ञान को प्राप्त करने के बजाए खुद के अस्तित्व पर ही सवाल उठा लेते हैं। अपना कीमती समय और पैसा व्यर्थ कर बैठते हैं। इससे भी बुरा तब होता है, जब हम इनकी बातों में आकर कुछ ऐसा कर बैठते हैं, जिससे हमारा नुकसान भी होता है। अंधविश्वास के चंगुल में फंस जाते हैं। जिससे हमारा जीवन अधिक जटिल हो जाता और समस्याएं बढ़ जाती है।

ऐसा देखने को मिलता है, कि धर्म के प्रतिनिधि कई बार 'धर्म के ठेकेदार' बन जाते हैं। वह उस *जिम ट्रेनर* की तरह अपने धर्म का प्रचार ऐसे करते हैं, कि दूसरे के धर्म बुरे और उनका धर्म ही सर्वश्रेष्ठ है। लोगों को कैसे भी करके अपने धर्म में शामिल करने के लिए तोड़ जोड़ करते है। इस तरह के धर्म के ठेकेदारों से हमें सावधान होना चाहिए। ऐसा भी देखा गया है, यह अपने धर्म को अपने हिसाब से तोड़ मरोड़ कर भी पेश करते

हैं।

हर धर्म अपनी जगह खूबसूरत है, ठीक उसी तरह जैसे हर व्यायामशाला *(जिम)* अपनी जगह बेहतर है। बस वहां कसरत करने वाले अच्छे और मेहनती होने चाहिए। तभी सबकी सेहत बन सकती है।

दुनिया में हर चीज का एक मुख्य स्रोत है। जैसे, जब आप आग जलाते हो तो लपटें ऊपर की ओर उठता है। मानो सूरज उसका स्रोत हो। जब आप पानी जमीन पर गिरते हो, तो वह जमीन पर बहता है। मानो जैसे वह समंदर य नदी में मिलना चाहता हो।

मनुष्य भी अपने 'स्रोत' से आसानी से जुड़ सकता है जो की है 'परमात्मा'। मनुष्य का परमात्मा से जुड़ने का सफर ही अध्यात्मा है। बस जरूरत है, उसे अपने आप को सही दिशा देने की। सही मार्गदर्शन पाने की और खुद को शुद्ध रखने की। जिनमें तन और मन दोनों शामिल है। जिस तरह कपड़ा मैला होने पर हम साबुन से उसे धोने पर वह साफ़ हो जाता है, वैसे ही मन में कितना भी गन्दा क्यों ना भरा हो, अगर कोई चाहे तो अपने धर्म के सही जानकारी से अपने मन के मैल से निजात पा सकता है। यह सब तभी संभव है, जब मन पर काबू हो। जिसका मन पर काबू नहीं होता वह भोगी होता है, और जो भोगी होता है वही आगे चलकर रोगी होता है।

मनुष्य की इच्छाएं और भोग कभी खत्म नहीं होती। भोग इतना बढ़ गया है, कि संसार में संतुलन बिगड़ रहा है। इंसान एक तरह से माया जाल में फस गया है। इस जाल से निकलने के लिए 'धर्म' हमारी बहुत बड़ी सहायता कर सकता है। लेकिन दूसरी तरफ देखे तो धर्म के कुछ ठेकेदार अधिक सक्रिय होते जा रहे है। यह हमारा *माइंड प्रोग्राम* कर, हमे गलत दिशा में सोचने पर मजबूर कर देते है। जिस वजह से इतना पाखंड, अंधविश्वास, नफ़रत, कुप्रथा, इत्यादि देखने को मिलता है। ऐसा भी देखने को मिलता है की यह लोग हमें भी धर्म का ठेकेदार बना देते है। इसलिए हमें ठेकेदारों से बचकर धर्म के सही प्रतिनिधियों तक पहुंचना चाहिए।अपने धर्म के उन साक्ष पर भरोसा करना चाहिए जो हमें सही दिशा दिखाते हैं।

☙❧

<u>संक्षेप</u>

- अपने मन को काबू करने के लिए और आत्मज्ञान की प्राप्ति करने के लिए 'धर्म' की एक बहुत बड़ी भूमिका है।
- 'आत्मज्ञान' यानी 'आत्मा का ज्ञान' आपके अंदर जो भी उर्जा है, उसका ज्ञान।
- जब आपको आत्मज्ञान की प्राप्ति होती है, तभी आप अध्यात्म की राह पर चलने के लिए तैयार होते है। ठीक उसी तरह जैसे लम्बे सफर पर निकलने से पहले आप अपने शरीर को दरुस्त कर, सफर के लिए खाना और कपड़े रख लेते।
- धर्म के गलत प्रतिनिधियों के संगत में आकर, कई बार हम आत्मज्ञान को प्राप्त करने के बजाए खुद के अस्तित्व पर ही सवाल उठा लेते हैं।
- जिन्हें किसी धर्म में विश्वास नहीं होता, उनको भी आत्मज्ञान की प्राप्ति होती है।
- ऐसा देखने को मिलता है, कि धर्म के प्रतिनिधि कई बार 'धर्म के ठेकेदार' बन जाते हैं।
- दुनिया में हर चीज का एक मुख्य स्रोत है। मनुष्य भी अपने 'स्रोत' से आसानी से जुड़ सकता है जो की है 'परमात्मा'।
- हमें ठेकेदारों से बचकर धर्म के सही प्रतिनिधियों तक पहुंचना चाहिए। अपने धर्म के उन साक्ष पर भरोसा करना चाहिए जो हमें सही दिशा दिखाते हैं।

16
पैरों के निशान

"जीवन की यात्रा करते समय हम सभी अपने पदचिन्ह छोड़ते हैं, सुनिश्चित करें कि आपका पदचिन्ह अनुसरण करने योग्य हो।

- बॉब टीग्यू"

हम अब इस किताब के आखिरी अध्याय में आ गए हैं। उम्मीद है अब तक इस किताब को पढ़ने का सफर रोचक रहा होगा। आपने कुछ ना कुछ नया सीखा होगा। अक्सर, हमारे कई सारे सपने होते हैं, कई सारे योजनाएं होती हैं, लेकिन इनमें से बहुत सारे सपने और योजनाएं इसलिए पूरा नहीं हो पाते, क्योंकि हमने उस पर पूरी तरीके से काम ही नहीं किया होता है। पूरा जोर नहीं लगाया होता है। हम अपने दिनचर्या और दिन भर के काम में उलझे रह जाते हैं। देखते-देखते दिन साल में बीत जाते हैं, साल दशकों में। फिर हमें एहसास होता है कि हम अपने सपनों और योजनाओं से कितने दूर चले आए हैं।

उस वक्त हड्डियां साथ नहीं देती कि उन सपनों को पूरा करने के बारे में सोच सके। ऐसा होने का सबसे बड़ा कारण है, 'प्रोक्रेस्टिनेशन' यानी 'टालने की आदात' का होना। जब भी कोई मेहनत की चीज आपको करने को कहा जाए, तो आप उसे टालते हैं कि बाद में कर लूंगा। जैसे आप कहीं

सुबह घूमने की योजना बनाते हैं और उसके बारे में उत्साहित होते हैं। तो मानो नींद खो जाती है। रात भर नींद ही नहीं आती। कब सुबह हो और सफर पर निकले, यही आपके दिमाग में चलता रहता है। वहीं अगर आप सुबह कसरत करने की योजना बनाते हैं, तो सुबह नींद ही नहीं खुलती। खुलती भी है तो आप 'अलार्म' बंद कर के फिर सो जाते हैं। अपने आप को यह समझा देते हैं, कि कल कसरत करूंगा। आज रहने दो। ठीक इसी तरह आप अपने सपनों के साथ भी करते हैं। उन पर काम करने से बचते रहते हैं। बचते-बचते समय भी निकल जाता है।

कुछ लोगों को असाधारण या 'एक्स्ट्राऑर्डिनरी' क्यों कहा जाता है? क्योंकि वह अपने काम से कुछ 'एक्स्ट्रा' काम करते हैं। जो *ऑर्डिनरी* यानी साधारण व्यक्ति से अधिक होती है। यही 'काम' उनको साधारण व्यक्तियों से अलग बनाता है। यह वही लोग होते हैं, जो अपने सपने को पूरा कर उनको वास्तव में जीते हैं। सफल बिजनेसमैन, राइटर, इंडस्ट्रियलिस्ट, स्पोर्ट्समैन, एक्टर, पॉलीटिशियन यही अधिक कार्य या कहे 'एक्स्ट्रा एफर्ट' लगाकर सफल होते हैं। ऐसे बहुत कम लोग होते हैं, जिनको बैठे-बिठाए अमीर बनने का अवसर मिलता है। ऐसे बहुत कम लोग होते हैं, जिनको बैठे-बिठाए प्रसिद्धि, शोहरत हासिल होती है। यह सफल लोग(जिनसे आप प्रभावित होते है) 'प्रोक्रेस्टिनेशन' के जाल से मुक्त होकर ही, अपने आप को सफल बनाया और अपने सपनों को पूरा किया।

अब सवाल है, हम इस 'प्रोक्रेस्टिनेशन' यानी 'टालने की आदात' को कैसे दूर करें और अपने सपनों को पूरा करने के लिए आगे बढ़े? इसके लिए आपको

1. अच्छी आदत यानी *हैबिट्स* बनानी होगी।
2. अपने आप को प्रेरित यानी *मोटिवेटेड* रखना होगा।
3. आपको अपने आप को *डिसिप्लिन* यानी अनुशासन में बांधना होगा।

प्रेरणा, अच्छी आदत और अनुशासन को आप 'बारबेल' और उनमे लगा 'वजन' समझे। जिसे उठा कर आप खुद को बेहतर बना सकते है।

प्रोक्रेस्टिनेशन को हराने के लिए चीजों को 'रेवार्डिंग' यानी प्रतिफल देने वाला बनाना होगा। उदाहरण के तौर पर जैसे आप घूमने के बारे में जब सोचते हैं। उस वक़्त आप का मन उत्साह से भर उठता है। आपके दिमाग में '*हैप्पी हॉर्मोन्स*' का संचार होता है। जिससे आपको ख़ुशी का एहसास होता है। वहीं दूसरी तरफ अगर आपको कोई किताब पढ़ने के लिए कहा जाए, तो आपका दिमाग आपको यह कहेगा कि 'अभी रहने देते हैं, कुछ दूसरा काम करते हैं, जिसमें आनंद आए' और आप अपने दिमाग की बात सुनकर वह क़िताब बंद कर, कहीं घूमने-फिरने चले जाएंगे। किसी दूसरे काम में मन लगाएंगे। लेकिन अगर हम अपने आप से यह कहे कि, किताब का यह अध्याय पढ़कर हम वह काम करेंगे जिसमें हमें आनंद आए जैसे कोई चॉकलेट खाना या कोई गेम खेलना,

इत्यादि जो हमे अच्छा लगता है। वह भी कुछ पल के लिए, तो हमारा दिमाग उस किताब को पढ़ने के लिए एक बार जरूर एकाग्र होगा।

कंपनियां भी इसी तरीके से अपने *वर्कर* से काम कराती है। वह महीने के शुरुआत में उन्हें पैसे देती है। जिससे उनका मन प्रसन्न होता है। वह महीने भर मन लगाकर काम करते हैं। ताकि अगले महीने फिर पैसे मिल सके और उनके दिमाग में उन्हीं हार्मोन का संचार फिर से हो। जिससे उन्हें खुशी का एहसास होता है। तभी अधिकतर लोग सैलरी 'क्रेडिट' होने पर बहुत खुश होते हैं। उनको लगता है कि महीने भर की मेहनत सफल हुई। अगर आप उनसे पूछे कि क्या आपको महीने भर काम करना अच्छा लगता है? तो आप पाएंगे कि 99 प्रतिशत लोग अपने काम से परेशान है या पसंद नहीं करते।

तो कुल मिलाकर यहां पर बात है, 'अपने दिमाग को धोखा देने की' और यह 'धोखा' आपके भलाई के लिए है। ताकि आप उस काम में अपना मन लगा सके जिससे आपको फायदा मिलने वाला है। चीजों को छोटे-छोटे खंडों में बांट लें ताकि आप प्रोक्रेस्टिनेशन से बच सके। जैसे हजार पेज की किताब अगर आपको दे दी जाए, तो आपको वह उबाऊ लग सकता है। वहीं अगर उसे 50-50 पेजों में बांट दें और हर दिन थोड़ा-थोड़ा पढ़े। तो हजार पेज की किताब भी आप आसानी से पढ़ लेंगे। वह भी बिना किसी परेशानी के। लेकिन वही आप ऐसे ही उसे पढ़ने बैठ जाओ, तो आपका मन हजार पीजों के बोझ तले दब जाएगा। वह कोई ना कोई बहाना ढूंढ लेगा की आज रहने देते हैं, कल पढ़ा जाएगा और ऐसा करके वह किताब जो आपके लिए फायदेमंद है, वह आप कभी नहीं पढ़ोगे।

अगर आपको किसी परीक्षा में उत्तीर्ण होना है। लेकिन आपको मोबाइल गेम्स खेलना पसंद है, तो आपका मन अधिक मोबाइल गेम्स की और ही जाएगा। तो ऐसे में पढ़ना मुश्किल है। तो ऐसे में आपको मोबाइल गेम से दूरी बनाना आवश्यक है। लेकिन आपका दिमाग तो आपको मोबाइल गेम से दूर होने नहीं देता। क्योंकि इसी में उसे आनंद आता है। ऐसे में आप यह कर सकते हैं, कि 2 घंटा पढ़ाई करने पर आप इसे 5 मिनट के लिए खेल सकते हैं। ठीक उसी तरह जैसे कंपनियां काम करा कर अपने *वर्कर* को *सैलरी* देती है। आपको आपके मस्तिष्क से ठीक

उसी तरह काम कराना है, ताकि आप अपने मकसद में कामयाब हो सके। ठीक उसी तरह जैसे कंपनी की तरक्की होती है।

यह कुछ आसान तरीके हैं, जिससे आप टालने की आदत को दूर कर सकते हैं। जब बात आदत की हो ही गई है, तो थोड़ी बातें इस पर भी कर लेते हैं। कुछ ही पन्ने और बचे हैं इस किताब के, तो थोड़ा सा 'फोकस' बनाए रखिए। फिर आपके पास एक छोटी सी उपलब्धि होगी, कि आपने एक और किताब अपने जीवन काल में पढ़ लिया।

तो बात हो रही है 'आदत' यानी 'हैबिट्स' की। हम सबको पता है आदत 'दो' तरह की होती है, अच्छी और बुरी। अच्छी वह जिससे हमारे जीवन पर अच्छा प्रभाव पड़ता है, हम उन्नति करते हैं। बुरी वह जिससे हमारे जीवन पर नकारात्मक असर पड़ता है, जिससे हमारा पतन होता है। वैसे काफी आसान था यह समझना नहीं? तो फिर भी हम क्यों बुरी आदतों का शिकार हो जाते हैं? यह हमारे जीवन में प्रवेश कैसे होते हैं? इन को दूर कैसे भगाएं? यह सारे सवालों के जवाब जानना आपके लिए बेहद जरूरी है।

जब हम किसी काम को या किसी चीज का अनुभव बार-बार करते हैं। तो यह हमारे 'सिस्टम' या कहें शारीरिक प्रणाली से वह एहसास और अनुभव जुड़ जाता है। अधिकतर वक्त में, इनमें वह चीजें होती है, जिसमें हमें डोपामाइन हार्मोन का प्राकृतिक खुराक हमारे दिमाग को मिलता है। उदाहरण के तौर पर किसी ने पहली बार 'दारू' पिया उससे थोड़ा हल्का महसूस हुआ। फिर कुछ दिन में दोबारा पिया उसे फिर हल्केपन, हर परेशानी से मुक्त होने का एहसास हुआ। धीरे-धीरे वह इसे बार-बार सेवन करने लगता है। कुछ समय बाद जो मात्रा उसे पहले लेने पर हल्केपन और ख़ुशी का एहसास होता था। वह होना बंद हो जाता है, अब पहले की तरह उस मात्रा से उसका मन प्रसन्न नहीं होता। क्योंकि उसके शरीर ने इस मात्रा को बर्दाश्त कर लिया है। फिर वह इसकी मात्रा बढ़ाता जाता है, और बढ़ता ही जाता है। जब तक कि पैसो की कमी ना हो जाए, बीमार न पड़ जाए या खुद अंदर से एहसास ना हो कि वह मानसिक तौर पर बीमार हो चुका है। इसी दौरान वह अपने प्रियजनों को भी नुकसान पहुंचाता है।

किसी-किसी को इसी तरह 'पढ़ने की आदत' होती है। पहले वह एक किताब पढ़ते हैं। उन्हें अच्छा लगता है, फिर वह दूसरी किताब पढ़ते हैं। तीसरी, चौथी और चलते ही जाते हैं। पहले वह दिन में एक चौथाई किताब पढ़ते थे। धीरे-धीरे 1 दिन में पूरी किताब भी पढ़ लेते हैं। लेकिन यह एक 'अच्छी आदत' है। क्योंकि इससे आपका नुकसान नहीं हो रहा है। बल्कि ज्ञान में वृद्धि हो रही है। हालांकि आंशिक नुकसान देखा जाए तो आंखों पर जोर पढ़ रहा, सर दर्द हो सकता है।

किसी को सुबह उठकर दौड़ लगाने की आदत होती है। उनको सुबह की ताजी हवा, शांत और ठंडे वातावरण से लगाव होता है। मेरे पिता खुद यह आदत रखते हैं। वह सुबह टहलने जाते हैं, जिस दिन सुबह जल्दी ना उठ पाए। उस दिन सारा समय बेचैनी में कटता है। यह आदत ही है, जो हमारे भविष्य को तय करने में एक अहम भूमिका निभाती है। अच्छी आदतों का होना भी आपको आध्यात्मिक राह पर ले जाने में सहायता करता है। वही बुरी आदतें आपको नर्क रुपी जीवन की ओर ले कर जाता है।

बुरी आदतों का कैसे त्याग करें और अच्छी आदतें अपनाएं? यहीं पर काम आती है 'मोटिवेशन' यानी 'प्रेरणा'। इंटरनेट पर ऐसे कई सारे *वीडियोस* आपको रोज देखने को मिलते होंगे, जिन्हें देखकर आपको कुछ देर के लिए ही सही लेकिन ऊर्जा से भरा हुआ महसूस होता होगा। सुबह उठकर व्यायाम करने के वीडियोस या अपने काम में सर्वश्रेष्ठ होने के वीडियोस, आपको प्रेरित करते होंगे। मेरे हिसाब से *मोटिवेशन* वह 'चिंगारी' है, जो आपके भीतर ठंडे पड़े 'व्यवहार' और 'विचार' को प्रज्वलित करती है। लेकिन *मोटिवेशन* के साथ कई दिक्कतें हैं। *मोटिवेशन* बहुत देर तक इन्हें प्रज्वलित नहीं रख सकता। क्योंकि इसकी अपनी सीमाएं हैं।

हमारा दिमाग समय के साथ-साथ प्रेरणा खो देता है। दोबारा प्रेरणा स्रोत की तलाश करने लगता है। ताकि वह अपने व्यवहार और विचारों को प्रज्वलित रख सके, हमेशा प्रेरणा का मिलना संभव नहीं। कई सारे *सेमिनार, लेक्चर, वर्कशॉप्स* बड़े-बड़े संस्थानों द्वारा आयोजित किया जाता है। जहां 'मोटिवेशनल स्पीकर' दिग्गजों को सुनने और देखने के

लिए अच्छी खासी रकम ली जाती है। जो सामान्य वर्ग के लोग नहीं चुका पाते। उन्हें टिकट नहीं मिल पाती। फिर वह इंटरनेट पर ही उनके वीडियोस देखने में लगे होते हैं। ताकि खुद को काम करने के लिए प्रेरित कर सकें। अपने जीवन की समस्याओं से लड़ने की ताकत जुटा सके।

चिंगारी से, आप आग सुलगा सकते हैं, लेकिन आग जलते रहने के लिए 'ईंधन' की जरूरत होती है। यह ईंधन है '*डिसिप्लिन*' यानी अनुशासन। चिंगारी यानी *मोटिवेशन* ने तो अपना काम कर दिया, अब आगे आपको धक्का मारने के लिए अनुशासन ही सबसे बड़ी भूमिका निभाता है।

जब किसी विमान के *पायलट*को विमान उड़ाते वक्त, कुछ समय के लिए अपना ध्यान दूसरी ओर करना होता है। तो वह *प्लेन*को '*ऑटो पायलट मोड*' में डाल दिया जाता है। ताकि वह *पायलट* के हस्तक्षेप के बिना, एक सीमित गति और ऊंचाई पर उड़ती रहे। कई 'कारों' में भी या देखने को मिलता है। जिसे हम '*क्रूज कंट्रोल*' कहते हैं। जिसमें कार एक सीमित गति में बिना *ड्राइवर* के हस्तक्षेप के चलते रहती है। जिसमें 'एक्सलेटर' दबाए रखने की जरूरत नहीं होती। इसी तरह '*मोटिवेशन*' के ना होने पर '*डिसिप्लिन*' भी, इसी *ऑटो पायलट मोड* या *क्रूसकंट्रोल* की तरह काम करता है। जो आपको अपनी राह पर अग्रसर रखता है। आपके लक्ष्य को प्राप्त करने में सहायता करता है। यही कारण है कि '*आर्मी*' में सबसे पहले अनुशासन सिखाया जाता है। ताकि प्रेरणा के ना होने पर भी सैनिक, अपना काम सही ढंग और उत्साह से कर सके। बचपन में भी हमें स्कूल में यही अनुशासन सिखाया जाता है, जो हमें उस वक्त बहुत बुरा या बेकार लगता है। क्योंकि उस वक्त जीवन के प्रति हमारी समझ बहुत कम होती है। जैसे-जैसे हम बड़े होते हैं। कॉलेज में जाते हैं और चीजें हमारे लिए आसान होने लगती है। तो हम अनुशासन का हाथ छोड़ देते हैं। फिर हम अपने मन की करते हैं। जिसका खामियाज़ा हमारे जीवन में असफलता के जरिए चुकाना पड़ता है।

अनुशासन को आप अपने जीवन का वह पहरेदार समझिये जो यह सुनिश्चित करता है, कि आपकी मेहनत कम ना हो और जो चिंगारी प्रेरणा ने आपके मन में लगाई है, वह बनी रहे। अनुशासन से ही आप

लगातार मेहनत कर अपना मुकाम हासिल कर सकते हैं। यह आपके मस्तिष्क और शरीर को इस प्रकार '*प्रोग्राम*' कर देता है कि अगर आपका प्रेरणास्रोत खत्म भी हो जाए। तो आप खुद को '*ऑटो पायलट मोड*' में रखकर उसी तरह जैसे पायलट ऑटो पायलट मोड में कुछ समय तक प्लेन को उड़ाता रहता है। वैसे अपना जीवन सही दिशा में लेकर जाते रहे।

जब आपको प्रेरणा मिलता है, तब तक आप अच्छी आदत बनाते हैं और अनुशासन में उन आदतों को आप जारी या 'फॉलो' करते रहते हैं। तभी जाकर आप एक 'डूअर' या कर्ता बनते हैं।

बड़ी-बड़ी बातें तो बहुत लोग करते हैं। दिन में सपने भी बहुत लोग देखते हैं। लेकिन उन सपनों को पूरा करने की हैसियत वही रखता है, जो एक सच्चा 'डूअर' है। क्या आप एक 'डूअर' हैं? या आपने अपने सपनों को भगवान के भरोसे छोड़ दिया है ? क्या है, जो आप को रोक रहा है? क्या कोई व्यक्ति, परिस्थिति या आप खुद तो नहीं? इस पर आप खुद विचार करें और इस संसार में छोड़ते रहिए अपने पैरों के निशान।

<u>संक्षेप</u>

- हमारे कई सारे सपने, योजनाएं होती हैं, लेकिन इनमें से बहुत सारे सपने और योजनाएं इसलिए पूरा नहीं हो पाते, क्योंकि हमने उस पर पूरी तरीके से काम ही नहीं किया होता है। ऐसा होने का सबसे बड़ा कारण है, 'प्रोक्रेस्टिनेशन' यानी 'टालने की आदात' का होना।

- कुछ लोगों को असाधारण या 'एक्स्ट्राऑर्डिनरी' इसलिए कहा जाता है, क्योंकि वह अपने काम में कुछ 'एक्स्ट्रा' काम करते हैं। जो 'ऑर्डिनरी' यानी साधारण व्यक्ति से अधिक होती है।

- प्रोक्रेस्टिनेशन को हराने के लिए चीजों को '*रेवार्डिंग*' यानी प्रतिफल देने वाला बनाना होगा। अपने दिमाग को धोखा देना है और यह 'धोखा' आपके भलाई के लिए है। ताकि आप उस काम में अपना मन लगा सके।

- साथ ही अच्छी आदतें, प्रेरणा और अनुशासन से भी हम प्रोकास्टिनेशन को दूर कर सकते है।

- चीजों को छोटे-छोटे खंडों में बांट लें ताकि आप प्रोक्रेस्टिनेशन से बच सके।

- अनुशासन को आप अपने जीवन का वह पहरेदार समझिये जो यह सुनिश्चित करता है, कि आपकी मेहनत कम ना हो और जो चिंगारी प्रेरणा ने आपके मन में लगाई है, वह बनी रहे।

सुनहरे भविष्य का निर्माण

हमारे सौर मंडल में, हमारे गृह से भी छोटे-बड़े गृह मौजूद है, लेकिन अभी तक उनमे जीवन के होने का, कोई प्रमाण सामने नहीं आया है। कुछ गृह, सूरज के बेहद नजदीक होने से बहुत ज्यादा गर्म है, तो कुछ दूर होने से बहुत ठन्डे। हमारा गृह खूबसूरत होने के साथ-साथ, जीवन के पनपने के लिए बिलकुल संतुलित है। हमारे गृह में जीवन के फलने-फूलने का यही कारण है। इससे हमे यह सीख मिलती है की जीवन में कुछ भी 'अति' अच्छा नहीं। एक संतुलन बनाये रखना महत्वपुर्ण है। हमारे जीवन में इसी संतुलन को बनाए रखने के लिए हम इंसानो ने समाज, नियम-कानून बनाया है। कुछ लोग इनको मानते, तो कुछ नहीं। जो नहीं मानते वो या तो बाकि लोगो के लिए वर्तमान की तुलना में एक सुनहरे भविष्य का निर्माण करते है। या दुसरो को पीड़ा, दुःख पहुंचते है, उनका सुख चैन छीन लेते है। कुछ लोग इनके अत्याचार के वजह से इस खूबसूरत दुनिया का आनंद नहीं ले पते। इंसान ऐसे लोग से बचने के लिए अपने नियम कानून को संसोधन कर, और अधिक जटिल बनता गया है। जिससे उस नियम-कानून के मानने वालो को अधिक समस्या का सामना करना पड़ता है।

आज से 40-50 साल पूर्व अगर कोई एयरपोर्ट जाता, तो वहां आज जितनी कड़ी 'सिक्योरिटी' नहीं हुआ करती थी। जिसका फ़ायदा आतंकी, तस्कर, अपराधी उठाया करते थे। इनसे जुड़े बड़े-बड़े हादसों के बाद एयरपोर्ट प्राधिकारी द्वारा सुरक्षा बढ़ाया गया। जिसमे आम लोग को संदेह की नज़र से देखा जाने लगा। उनके गतिविधि पर नज़र रखा जाने लगा। आज़ाद होने के बावजूद भी एयरपोर्ट जाने पर बंदी होने जैसा महसूस होता है।

महिलाओं को ससुराल में अत्याचार करने पर कानून बनाया गया। उसी कानून का इस्तेमाल आजकल कई सरे लोग ससुराल वालो को फ़साने और पैसा निकलवाने के लिए किया जा रहा है। दूसरी तरफ जो सच में पीड़ित है, उनको भी शक की निगाहो से देखा जा रहा है।

जंगलो में, कुछ लोग लड़की काट कर बहार बेचने लगे। पशुओ को मर के उनकी खाल बेचने लगे। जिस वजह से वहां भी प्रशासन द्वारा सुरक्षा व्यवस्था लानी पड़ी। नहीं तो जो चीज हमें प्रकृति ने दिया है, उसे देखने और छूने के लिए हमें क्यों रोका जाता। रिश्तों में भी ऐसे ही फरेब और धोखे मिल जाते है। जिस वजह से रिश्ते बनाने से भी अगली बार डर लगता है।

अगर चोरो का डर ना होता तो क्या हम अपने घर में ताला लगते? आपके आस-पास जो रहते है, वह तो चोर नहीं, लेकिन क्या पता आपके घर में कीमती चीज देख उनका मन बदल जाए। मन में यही बात आता है ना?

'डर' की उत्पत्ति अनिश्चितता से होती है। अगर आप शेर के पास जाओ को यह निश्चित है की वो आप पर लपकेगा। सांप को हाथ से पकड़ने की कोशिश करो तो डसने की कोशिश करेगा। मनुष्य के साथ ऐसा नहीं है। कौन आपको मरने दौड़ेगा और कौन आपको गले लगाएगा, आपसे अच्छा व्यवहार करे यह अनिश्चित है। *कमरे में रौशनी जलने से, मन का अँधेरा दूर नहीं होता।* आजकल आप अपने अस पास देखो, तो रौशनी और चमक-धमक नज़र आएगा। लेकिन लोगो के मन अँधेरे से भरे हुए मिलेंगे। हम इस बड़ी सी दुनिया में सिमट कर रह गए है। हमने इस सरल दुनिया को अपने लिए जटिल बना दिया है। बनाते ही जा रहे है।

कुल मिलकर बात यह है, हमारी आज़ादी लोगो पर निर्भर है और थोड़ी आज़ादी खुद पर। जो हमारे मन की है, जसीपर भी लोग तरह- तरह से कब्ज़ा करने की कोशिश करते आ रहे है। कुछ लोग अपनी आज़ादी का गलत फ़ायदा उठा कर समाज और दुनिया को बर्बाद करने में लगे है। देखा जाये तो कुछ इंसानो के कर्मो से बाकि लोगो ने अपनी आज़ादी खो दी। खैर, हम दुसरो पर तो नियंत्रण नहीं कर सकते। लेकिन खुद अपने आप से यह प्रतिज्ञा जरूर कर सकते है, की हम ऐसे लोगो की श्रेणी में नहीं आएंगे। हम इस सीधे-साधे दुनिया और समाज को और अधिक जटिल होने से बचाएंगे। आने वाली पीढ़ी को आज के मुकाबले एक आज़ाद, सुलझी हुई दुनिया देने की कोशिश करेंगे। इस पृष्ठ के बाद एक शपत पत्र है। उसमे आप अपना नाम और हस्ताक्षर कर उसे अपने

पास रख ले। ठीक पाँच साल बाद उसे दुबारा निकले और देखे की आपने अपने इस वक़्त के दौरान अपने जीवन और दुनिया में क्या-क्या बदलाव लाया।

अगर आप जागरूकता के साथ अपना जीवन जियेंगे, सही काम का चुनाव, सही जगह पैसा लगाना, ढंग के खान-पान पर ध्यान, नियमित कसरत, सही मित्र से मित्रता, जीवन साथी का चुनाव सही पैमानों के साथ करेंगे, अस पास के शत्रु को पहचान कर उनसे बचने के उपाय निकालेंगे, अपने मन पर नियंत्रण रखेंगे, तो मेरा यह मन्ना है की आपकी जीवन की 70 से 80 प्रतिशत परेशानियां आप खुद ही दूर कर सकते है।

इसके साथ मैं यह कामना करता हूँ, आप अपने जीवन में कामयाब हो, सवस्थ रहे और इस दुनिया को अपनी सुंदरता से भर दे।

शपत पत्र

मैं,______________________, स्थान ____________________यह शपथ लेता/लेती हूँ की मैं अपने जीवन का चालक स्वयं बनूँगा/बनूँगी। 'माइंड प्रोग्रामिंग' की जंजीर को तोड़ जीवन में आगे बढ़ूंगा/बढ़ूंगी और जो मेरे लिए अच्छा है, जिससे मुझे कोई नुकसान नहीं। उसी का चुनाव करूंगा/करूंगी। अपनी उन्नति के लिए दुसरो के भरोसे नहीं बैठेंगे। मेरे जीवन में आने वाले चुनौतियों का डटकर सामना करूँगा/करूंगी। तथा उन पर विजय प्राप्त करूँगा/करूंगी। सफल या असफल होना मेरे हाथ में नहीं लेकिन हर कार्य में, मैं शत-प्रतिशत देने की पूरी कोशिश करूंगा/करूंगी। मैं किसी को धोखा नहीं दूंगा/दूंगी। ना ही किसी के साथ कोई जबर्दस्ती करूंगा/करूंगी और जो प्रेम पाने लायक है, उन्हें सदैव प्रेम दूंगा/दूंगी। अच्छा बर्ताव करूंगा/करूंगी। मैं इस दुनिया को सुरक्षित, सुंदर और प्रदूषण मुक्त बनाने के लिए, अपनी तरफ से पूरी कोशिश करूंगा/करूंगी। तथा अपने जीवन को मानव समाज, पशु, पक्षी और प्रकृति के कल्याण में लगाऊंगा/लगाऊंगी। मैं हमेशा खुश रहूंगा/ रहूंगी और अपने जीवन के पलों को आनंद से बताऊंगा/बताऊंगी।

हस्ताक्षर

www.ingramcontent.com/pod-product-compliance
Lightning Source LLC
Chambersburg PA
CBHW031627170726
47990CB00017B/394